EL COLOQUIO DE LAS PERRAS

LUNA MIGUEL

EL COLOQUIO DE LAS PERRAS

LUNA MIGUEL

Capitán Swing

© Del libro:
Luna Miguel

© De esta edición:
Capitán Swing Libros, S. L.
c/ Rafael Finat 58, 2º 4 - 28044 Madrid
Tlf: (+34) 630 022 531
contacto@capitanswing.com
capitanswing.com

© Diseño gráfico:
Filo Estudio
filoestudio.com

Corrección ortotipográfica:
Victoria Parra Ortiz

ISBN: 978-84-120645-6-8
Depósito Legal: M-28939-2019
Código BIC: FV

Impreso en España / *Printed in Spain*
Artes Gráficas Cofás, Móstoles (Madrid)

Queda prohibida, sin autorización escrita de los titulares del *copyright*, bajo las sanciones establecidas en las leyes, la reproducción total o parcial de esta obra por cualquier medio o procedimiento.

Índice

Índice

01. Tiempo de amazonas (a modo de prólogo) 11

02. Todo el mundo tiene una opinión sobre la vida de Elena Garro 17

03. Rosario Ferré nos dejó las instrucciones para ladrar 27

04. Lo primero que dicen en la nota biográfica de este libro
de Pita Amor es que era «guapa» 41

05. Pocos saben quién fue Alcira Soust Scaffo, pero menos
conocen la historia de los poemas que cada año
le enviaba al inmundo dictador Franco 49

06. Han desvelado el mayor secreto de Aurora Bernárdez 57

07. Cuando dicen «ah, sí, claro, era una mujer adelantada a su tiempo»
se refieren a que nadie supo nunca cómo asumir la fortaleza
y la genialidad de Gabriela Mistral 63

08. Para enterrar al escritor macho (un intermedio) 73

09. Agustina González, una escritora futurista, feminista y católica
a la que sus sucios asesinos llamaban tortillera y puta 83

10. Todo el amor y el odio que caben en esos treinta y un poemas breves que María Emilia Cornejo nos dejó tras marcharse a los veintitrés años 95

11. Eunice Odio, reina del país secreto de las trasterradas 105

12. Marvel Moreno nos enseñó a tirar de la cola al tigre 117

13. ¿Y si Victoria Santa Cruz se estuviera reencarnando en miles de voces? 129

14. Maldita Alejandra Pizarnik 137

15. Cómo recuperar la escritura de las mujeres (a modo de epílogo) 145

Semblanzas de las autoras invocadas y algo más 151

Aclaraciones y agradecimientos 159

Bibliografía 163

EL COLOQUIO DE LAS PERRAS

LUNA MIGUEL

Yo quería que la realidad fuera distinta.
Pero era esta.
Entonces
me convertí en poeta.

SHIRLEY CAMPBELL BARR

EL COLOQUIO DE LAS PERRAS

LUNA MIGUEL

01
Tiempo de amazonas
(a modo de prólogo)

«Soy analfabeta. ¡Cómo podría publicar este texto!
¡Qué editorial lo recibiría! Creo que sería imposible,
a menos que suceda un milagro. Creo en los milagros.»

SILVINA OCAMPO

Escribo esto con un poco de prisa

Saber que escribo esto entre los meses de septiembre y noviembre de 2018 es importante. Lo es porque los dedos que teclean lo hacen desde una rabia y un entusiasmo imposibles de comprender sin el desgarro de lo temporal. Hay rabia, porque lo que me trae hasta aquí es un catálogo de ausencias. Un ajuste de cuentas con eso que la novelista estadounidense Joanna Russ llamaba elegantemente «represión» de la escritura hecha por mujeres, pero que hasta hoy se me ha antojado más como un pisoteo. Como una burla. Como un asesinato a todo cuanto las escritoras tuvieron que contar. Dicho esto, también hay entusiasmo: porque si bien muchas de las mujeres —su escritura, entiéndase, pero también su vida— a las que he dedicado mis lecturas en los últimos años han sido machacadas por varios y muy diferentes motivos, es igualmente cierto que la niebla que las ocultaba al fin parece estar —poco a poco, poco a poco, poco a poco…— desvaneciéndose. No se trata de una revancha, sino más bien de una aproximación a esa justicia que merecen. No se trata tampoco de algo casual: es el trabajo de editoras, periodistas y lectoras que en la última década se han esforzado en releer con una mirada feminista nuestros cánones, provocando así la recuperación de voces, en un empeño transnacional y transversal. Escribir estas palabras entre septiembre y noviembre forma parte de ese retrato urgente.

De esa tensión ilusionada a la que me invitan algunos de los hechos recientes que, aunque *a priori* parezcan inconexos, son como la más hermosa de las alineaciones planetarias.

Los hombres seguían hablando entre ellos

Me refiero, en primer lugar, a la manifestación del 23 de septiembre de 2018 en la I Feria Internacional del Libro en Barranquilla, Colombia, cuando un grupo pacífico de estudiantes feministas autodenominadas «amazonas» irrumpieron en el homenaje a Marvel Moreno, de cuyo nacimiento se cumplían precisamente setenta y nueve años. Moreno, narradora colombiana muerta prematuramente en la ciudad de París, era el reclamo por el que buena parte del público había asistido a aquella charla. En el escenario, uno de los ponentes resultó ser su exesposo, y el otro un periodista que, a juzgar por los comentarios recogidos posteriormente por la prensa, no tuvo ningún atino en sus opiniones sobre la escritora. Lo contaba así la narradora Gloria Susana Esquivel en sus redes sociales un día después de la manifestación: «Los hombres seguían hablando entre ellos, indiferentes a lo que pasaba, relamiéndose en frases como "ella era muy hermosa, reina del carnaval y a pesar de eso leía" o "yo [su esposo] siempre le corregí todo lo que escribió". Es una vergüenza que el discurso que se haya armado sobre Marvel Moreno haya quedado en manos de ese señor que se ha dedicado a crear un personaje frívolo y que siempre le ha dado la espalda a una obra con preguntas que atraviesan el feminismo, el clasismo de la sociedad colombiana y el psicoanálisis». De acuerdo con la autora de *Animales del fin del mundo*, mientras ellos hablaban, «lo que pasaba» era que un grupo de mujeres, en silencio, se posicionaron frente al escenario con unas camisetas que llevaban el mensaje escrito de «El tiempo de las amazonas». Este grito mudo, este eslogan, hacía referencia a la única novela inédita de Marvel Moreno, quien murió cuando todavía estaba terminando de escribirla. A juicio de su exesposo, la novela póstuma de Moreno sería un texto «menor» y carecería de interés, mientras que para otros expertos ese último texto es la prueba de que la colombiana estaba trabajando en una obra más polémica todavía que sus cuentos recopilados por Alfaguara en 2018 o que su novela *En diciembre llegaban las brisas*. La novela, según información ofrecida por la editorial, se ha convertido desde 2014 en un *longseller* que indiscutiblemente ha pasado a formar parte del canon colombiano. Pero entonces, si la figura de Marvel Moreno era cada vez más leída, estudiada y reclamada por las nuevas generaciones de lectoras en Colombia, ¿por qué sus herederos se negaban a publicar *El tiempo de las amazonas*? ¿Por qué no se procuraba la difusión de una obra que podría poner a Moreno otra vez en el centro y tal vez en las librerías del resto de América? Menos mal que llegaron las amazonas. Menos mal que inesperadamente saltaron de la ficción a la realidad y dieron a un evento literario que de otro modo no hubiera trascendido la entidad de debate nacional. Menos mal que ese día, en Barranquilla, el nombre de Marvel Moreno estaría después de mucho tiempo en la primera línea de batalla. Porque fue entonces cuando muchos lectores extranjeros, ajenos a la historia de Moreno, pudimos preguntarnos por los espejos de su figura. Es decir, por todas las mujeres de la literatura latinoamericana que estarían en ese momento encerradas en un cajón, esperando a que alguien con menos egoísmo y más inquietudes que sus albaceas las recuperara, las mencionara en los libros de texto, las recitara en los festivales y en las aulas, y les concediera el espacio que antes se les había negado.

Cómo acabar con la escritura de las mujeres (hispanas)

Nos encontramos a finales de 2018, decía, y mientras procuro retratar con ansia la reivindicación de Marvel Moreno, también veo cómo en sucesivas semanas, escenarios y pantallas, otro montón de grietas desconocidas comienzan a abrirse y a proyectar luz. Tras el septiembre de las amazonas, de hecho, llega el octubre de las Escritoras: en las redes sociales el *hashtag* #leoautorasoct se convierte en tendencia por tercer año consecutivo. Un poco más tarde, el día 15 y en territorio español, se celebra el III Día de las

Escritoras, una propuesta cada vez más internacional gracias al impulso de colectivos como Clásicas y Modernas. Durante esa misma jornada, las editoriales Barrett y Dos Bigotes lanzan por primera vez en nuestro idioma la publicación de *Cómo acabar la escritura de las mujeres*, de Joanna Russ, ese manual sobre la «represión» de la literatura hecha por mujeres que tardó en desembarcar en nuestras librerías más de cuarenta años desde su publicación original. El ensayo de Russ, quizá desactualizado hoy en algunos aspectos —tal vez por la obviedad de algunos de los casos recogidos, que hoy tenemos algo más interiorizados: Dickinson, Plath, las Brontë—, supone una descorazonadora puesta en escena de cómo la crítica literaria y la academia han ignorado, subestimado, prohibido y mancillado la voz de las mujeres. Russ se centra principalmente en el panorama anglosajón y en el prólogo de la reedición de 2018 Jessa Crispin da cuenta de cómo a pesar de la especificidad temporal y espacial del texto, muchas de las estrategias descritas siguen utilizándose hoy. Tanto es así que algunos críticos en nuestro país han asumido el debate que abre *Cómo acabar con la escritura de las mujeres* como un gesto quejica y autocomplaciente, asociado a la «era del #MeToo», un *hashtag* que en octubre de 2018 también cumple un año desde su definitiva viralización. Referirnos a estos cuestionamientos desde España como algo autocomplaciente o quejica tiene aún menos sentido si nos paramos a pensar en el modo en que el canon literario hispano ha obviado a sus autoras. Sería hipócrita deslegitimar la necesidad de estudios como el de Russ sin atender antes a lo que históricamente ha ocurrido con nuestra lengua. Porque sin tales reivindicaciones, para quién quedaría estos días la relectura de Marvel Moreno. Cómo podríamos revisar la producción literaria de las mujeres de la Generación del 27, ahora un poco más tangibles gracias a las recientes ediciones de Torremozas, Renacimiento o de La Bella Varsovia. En qué espacios debatiríamos sobre la necesidad de exigir la dignidad de las vidas y obras de grandes escritoras latinoamericanas, como la eternamente infantilizada Gabriela Mistral, la eternamente tergiversada Alejandra Pizarnik, la eternamente manipulada Rosario Ferré o incluso la eternamente demonizada Elena Garro, cuyos poemas al fin podemos leer en

España gracias al trabajo de La Moderna Editora junto a Patricia Rosas Lopátegui. Por cierto, que en el prólogo de *Cristales de tiempo* —la única selección poética existente de Garro también a nivel internacional— Rosas Lopátegui no teme alzar la mano y señalar con el dedo los grandes problemas que golpearon a la mexicana: «Escribió poemas desde niña. Pero al parecer su marido, el Premio Nobel Octavio Paz, siempre se opuso a su publicación. La vida de Elena a menudo fue desdichada. Se comprometió con la causa de los indígenas y se involucró en la defensa de los campesinos desposeídos de sus tierras hasta que el gobierno mexicano la expulsó del país. Vivió en Nueva York, en Madrid, en París. Escribía con hambre e insomnio mientras su hija dormía a su lado».

Un árbol genealógico

Hambre e insomnio. Ansia y revancha. Otra vez: una oscilación entre la rabia y el entusiasmo. Porque no sé qué día es hoy, pero mientras tecleo las horas corren entre septiembre, y octubre, y noviembre de 2018. En este trimestre han pasado cosas tan desordenadas e ilusionantes como que, al menos en mi pequeño país, los libros que lideran las listas de ventas y que son más comentados y celebrados en la prensa están escritos por mujeres jóvenes: Eva Baltasar, Samanta Schweblin, Sara Mesa, Cristina Morales, Carmen María Machado, Valeria Luiselli. Como que el año en el que no se celebra el Premio Nobel de Literatura —precisamente por esa cosa rancia de institución que nunca supo denunciar los abusos sexuales que venían ocurriendo varias décadas en sus pomposos salones— sea la guadalupeña Maryse Condé quien, un 12 de octubre, reciba en reconocimiento el Nobel Alternativo por su obra pero también por su lucha antirracista y feminista. Cosas como que el 25 de octubre el suplemento literario más leído de España y buena parte de América Latina, *Babelia*, dedique su portada a la nueva ola de escritoras africanas que junto con Chimamanda Ngozi Adichie están descubriéndonos la desconocida escena de un gran continente. Como que el 10 de noviembre Gabriela Wiener y Diego Salazar reciban un importante premio de periodismo en Perú gracias a un reportaje sobre el poeta violador Reynaldo Naranjo —y consiguieran que el Gobierno peruano le quitara el Premio Nacional—. O incluso como que en los últimos días del penúltimo mes del año, mientras pongo en orden todos estos datos —que, lo sé, parece que no tengan nada que ver, pero en verdad sí lo tienen—, dos de las charlas con más afluencia del Hay Festival Arequipa a las que he asistido virtualmente por las fotos de Instagram hayan sido la de la artista Paula Bonet y su rompedor libro sobre el aborto espontáneo, así como la mesa redonda en la que la profesora Ingrid Bejerman presenta a Joanna Walsh y Cherie Dimaline, siendo la primera la creadora en 2014 del movimiento #readwomen, y la segunda una de las autoras y activistas indígenas más importantes de América. ¿Lo veis? Hay ilusión por un ladrido. Por un cambio palpable. Así que permitidme que ahora aparque la atención en el idioma desde el que escribo. Que me detenga en esos cuantos libros de América Latina y España que tanto nos costó desempolvar. Que me crea por un segundo discípula de Russ —o de Patricia de Souza, o de María Moreno, o de Clara Janés, o de Tània Balló— y reivindique la necesidad de nuestra genealogía.

Permitídmelo y pasad página.

Ahora os hablaré de ellas.

02
Todo el mundo tiene una opinión sobre la vida de Elena Garro

«Aquí la ilusión se paga con la vida.»

Elena Garro

Lo de la locura maravillosa

«Pobre estúpida», «exagerada», «traidora», «frívola», «burguesa», «distraída», «dramática», «mitad loca linda, mitad loca de mierda», «autodestructiva», «envidiosa», «ignorante», «pordiosera». Con todos estos generosos apellidos se bautizó en vida y después de muerta a Elena Garro.

Lo sabe el periodista mexicano Rafael Cabrera, que en su profundo reportaje *Debo olvidar que existí. Retrato inédito de Elena Garro*, lo expone así en la primera página: «Conozco bien los arrebatos que la figura de Elena enciende, el desprecio que escupe sobre su nombre o el afecto que adultera la razón al hablar de ella».

Lo sabe igualmente la escritora peruana Patricia de Souza, que en el ensayo *Descolonizar el lenguaje* dedica un capítulo a la autora de *Los recuerdos del porvenir*, donde asegura que su caso «podría hacernos reflexionar sobre por qué una autora con una obra tan ambiciosa sigue siendo poco leída en su idioma, por qué no formó parte de ningún *boom*, por qué siempre se quejó de estar marginada, por qué, como otras autoras de su generación, siguen siendo piezas sueltas y raras, a pesar de estar publicadas en su país de origen».

Lo sabe, en definitiva, cualquiera que le haya dedicado una mínima lectura a todo lo que se ha escrito sobre Garro, especialmente desde que en 2016 se celebrara, no sin polémicas dentro y fuera de México, el centenario de su nacimiento. Sin embargo, que tantos trataran de ponerle apellidos ofensivos no quiere decir que no haya tenido grandes defensores desde las primeras y más privilegiadas líneas del panorama literario. Si anteriormente Jorge Luis Borges llegó a asegurar que ella era la «Tolstói de México» —y la incluyó como dramaturga en la segunda edición de la mítica *Antología de la literatura fantástica* que coordinaba junto a Adolfo Bioy Casares y Silvina Ocampo—; y si más tarde, para Elena Poniatowska, Garro fue una autora «adictiva», que supo ser «un icono, un mito, una mujer fuera de serie, con un talento enorme que a nadie deja indiferente»; a día de hoy es César Aira quien se define públicamente como uno de sus mayores defensores. En una entrevista con Pablo Duarte concedida a *Letras Libres* en 2009, el argentino es así de tajante: «Me parece que como escritora es genial, una de esas que aparecen una vez cada cien años. Creo que es la más grande novelista del siglo xx». Y en otra con Gerardo Lammers publicada en 2017 en *El Universal*, reformula: «Hace mucho que no la releo. Pero todas sus novelas para mí fueron, no sé, una revelación de una gran escritora con ese grado de nivel patológico que debe tener un escritor para no ser uno más». Aira añade a continuación que para él Garro estaba loca, sí, pero de una «locura maravillosa», muy distinta de aquella con la que sus detractores han pretendido siempre desautorizarla. Porque a pesar de las palabras amables, a pesar de los reconocimientos tardíos, a pesar de que, cada vez y en mayor medida, se le empiece a considerar como esa «madre del realismo mágico» que sin duda fue, «Garro, quien falleció en agosto de 1998, no fue reconocida nunca a plenitud».

Así lo dice Geney Beltrán Félix en el prólogo de los *Cuentos completos* de la escritora: «Ninguno de sus premios mayores del país o de la lengua llegó a sus manos. Un galardón como el Premio Nacional de Ciencias y Artes le fue negado sin más […]. Es decir: su vida fue un itinerario de derrotas que se trasfiguraron oblicua y deslumbrantemente en sus obras, y esta, su escritura y nada más su escritura, la que pervive y ha de estar en el nodo de la conversación crítica». Y lo reitera Patricia Rosas Lopátegui en el texto introductorio de *Cristales de tiempo*, la primera y única antología de la poesía de la mexicana que existe, y donde se nos regala una introducción hermosa y reveladora que viene a corregir todos los apellidos desagradables que se le habían puesto a Garro hasta nuestros días. Aquí, Rosas Lopátegui solo tiene una descripción muy precisa de quién fue la autora de Los recuerdos del porvenir: «Porque Elena Garro no era solo una Tolstói, ni una loca maravillosa, ni tampoco la madre de una corriente literaria por la que únicamente se celebró a un grupo de hombres. Elena Garro era Odiseo. En su brillantez y en su miseria. En su deambular y en su inteligencia. Elena Garro era un Ulises, y como tal, su viaje no pudo ser más estremecedor».

Alguien la leía, pero no tenía isla

Igual que Odiseo, la mexicana tuvo que viajar mucho para regresar a esa hostil isla de origen en la que su vida pondría fin.

La escena es la siguiente: Elena Garro vuelve a México después de décadas en el exilio y la prensa se arremolina en su hogar para entrevistarla. Visiblemente emocionada, pero también incómoda —y por momentos algo desorientada, como empequeñecida por la euforia de los demás— asegura que está contenta, pero que eso no le quita el miedo de haber regresado a su país natal. Garro tenía muchos motivos para sentir pánico en aquel lugar y en aquel instante. Sus más de setenta años pesaban tanto en su cuerpo como en su mente. «Yo leía a los escritores, pero los escritores no me leían a mí», asegura en un momento ante esos micrófonos y grabadoras que se acercan demasiado a su boca temblorosa. «¿Esto le ha molestado?», le insiste un periodista al que no vemos la cara. «No..., no tienen por qué leerme», asegura Garro, haciendo después un pequeño gesto con los ojos, como de resignación, o como si quisiese que alguien la corrigiera, pero en verdad nadie lo hace porque a la que buscan tal vez es a la Elena Garro de las habladurías. A la loca, a la demente, a la viejita cascarrabias que los decepcionó a todos y que poco después morirá sola, pobre y rodeada de media docena de gatos como en los cuentos de terror.

Entonces, ¿para qué regresó a México?

Hacerlo era una cuestión de necesidad.

Por un lado, la necesidad de querer verse reconocida como escritora, o en palabras de Poniatowska: «Cuando la invitaron a regresar a México, creyó que el gobierno le iba a poner casa. No fue así. La verdad, el gobierno habría podido hacerlo […]. Le fue otorgada la beca de creadores eméritos, y a su hija, poeta, otra beca. A lo largo de los años, Octavio Paz nunca dejó de enviarles su pensión. Sari Bermúdez, al frente del Conaculta, se convirtió en su hada madrina y cuidó de su salud, pero Elena tuvo que arreglárselas sola en el departamento de su hermana Estrella, recién muerta. ¡Qué tristeza todo!». Por otro lado, la necesidad de volver al lugar que una vez fue querido como para contradecir al destino: un destino que la quería viajera, fugaz y huidiza, al igual que fueron viajeras, fugaces y huidizas las mujeres que siempre protagonizaron las obras que escribió.

No sin ironía, esta «reina marginada de México» —de esa manera la llamaba Juan Pablo Villalobos en una entrevista con Eudald Espluga para *PlayGround*— nos dio títulos como *Andamos huyendo, Lola*, un libro de cuentos en el que nadie tiene casa, en el que todas las mujeres y niños andróginos están perdidos —literal o metafóricamente, como Aude y Karin que «se sentían dichosas» antes de abandonar la que siempre había sido su ciudad; o como la voz narradora de *El mentiroso*, cuando se lamenta «en el rincón, viendo mi sombra sobre la pared de adobe, con las rodillas y los brazos muy cansados»—.

Porque ¿de dónde huir si Elena Garro tampoco tuvo hogar?

¿Y a dónde hacerlo si como a Odiseo pocos reconocerían sus facciones al desembarcar muchas tempestades después en su añorada isla?

La intimidad de una mujer
no podía ser universal

Una de las cosas que más se repiten en el estudio y en la crítica de la obra de Elena Garro tiene que ver con el carácter autobiográfico de su literatura y con el esfuerzo que muchos lectores hacen por encontrar esos detalles, esas metáforas y esos sentimientos de su escritura que puedan trasladarse a su vida. Es cierto que ella misma aireó las múltiples similitudes entre su ficción y su intimidad, pues no parecía temer que una se filtrara en la otra, y viceversa. Por ello es casi imposible encontrar un texto sobre su obra que no haga referencia a los momentos vitales en los que fue escrita, incluso aunque algunas veces esas maneras de referirse al mismo recuerden a recriminaciones.

Ahí está la introducción a *Reencuentro de personajes* de la editorial Drácena, por ejemplo, donde se especifica que la novela solo pudo nacer del rencor que sentía su autora hacia su exmarido, Octavio Paz, «un rencor que se extendió a toda una clase social [...] que no podía ser sino una torturadora obsesión que, para poder desfogarse en plenitud, tuvo que envolverse en las máscaras de este insólito relato». Ocurre que apreciaciones como esta son a veces acertadas: absolutamente nadie puede negar la enemistad que se forjó entre la antigua pareja de escritores. Pero también ocurre con la escritura rabiosa de Garro lo que pasó con propuestas estéticas como la de una Sylvia Plath en el mundo anglosajón o la de una Marguerite Duras en Francia, que la sinceridad con la que escribieron, lo aparentemente autobiográfico de sus reclamos, se usó en su contra para deslegitimar la universalidad de cuanto mostraran. En vez de repensar a los personajes de Garro como víctimas de una sociedad misógina que querían rebelarse incluso si no sabían cómo, lo que hacemos es poner su guerra contra Paz ante el espejo. En vez de destacar su poesía como una de las más lúcidas en temas como la violencia de género o la desagradable experiencia del divorcio, preferimos alimentar el cotilleo sobre el día y la hora en la que Garro y Paz decidieron separar sus caminos. ¿Qué es lo que nos impide identificarnos con los sentimientos de su obra? ¿Por qué a su sufrimiento y a sus sombras nos cuesta concederles el carácter de lo universal? ¿Por qué buscamos excusas para tratarla aún más de chalada? ¿Cómo vamos a empezar a leerla en condiciones si desde el envoltorio la queremos pisotear?

Garro y Paz

«Llegó el momento de desenterrar los poemas que permanecieron en las profundidades intrincadas de sus baúles. Octavio Paz le prohibió incursionar en su terreno, pero estos objetos mágicos los resguardaron y la poeta habla con la libertad de su voz creadora». Con estas palabras se refiere Patricia Rosas Lopátegui a la poesía de Elena Garro en la introducción de su antología *Cristales de tiempo*. Su insistencia en que Octavio Paz fue uno de los más grandes censores de Garro ha sido puesta en duda en muchas ocasiones. En algunos de los documentales que pueden encontrarse en su memoria destaca el breve capítulo que el programa *Historias de vida*, de Canal Once, le dedicó, donde varios de los entrevistados y expertos suavizan la turbulenta relación que mantuvo con su exmarido. Esta relajación del discurso para con el premio Nobel ha sido uno de los motivos por los que durante mucho tiempo no se ha podido hablar abiertamente de la violencia que se ejerció y se ejerce todavía con la memoria de Elena Garro.

Por no manchar la figura del Gran Poeta de México, a quien se puso en duda fue a ella, incluso si a día de hoy se tiene más conciencia de cómo él en particular y la misoginia de la cultura mexicana en general la machacaron. De hecho, Elena Poniatowska, en una reseña publicada en 2006, en *La Jornada Semanal*, a propósito de un ensayo muy polémico —*El asesinato de Elena Garro*— firmado por la misma Rosas Lopátegui, asegura que la supuesta censura del esposo no fue tal. Y afirma: «Como Patricia no vivió los acontecimientos, solo puede verlos a través de Elena. La información que Elena le da es un amasijo de contradicciones, cuando no de falsedades, lo cual hace que su trabajo sea sesgado y tendencioso porque las inexactitudes se vuelven imposturas».

A pesar de esto, Poniatowska destaca la «lealtad admirable» y excesivamente apasionada de la investigadora para con Garro como motivo principal de sus ataques a Paz. Y aunque agradece que una firma como la suya haya dedicado tal entrega a preservar la memoria de la autora de *Andamos huyendo, Lola*, insiste: «Octavio Paz admiró a su mujer que no dejaba de asombrarlo, mejor dicho, de inquietarlo y desazonarlo hasta despeñarlo al fondo del infierno. Ella es la que brilla, la estrella, la de los propósitos que Paz festeja y necesita». Por su parte Patricia Rosas Lopátegui prefirió acudir al testimonio de Helena Paz Garro, hija de los dos escritores, que deambuló con su madre por el mundo —estaba fuertemente unida a ella, sobre todo durante los años en los que se peleó con su padre— y que fue filósofa y escritora —publicó un único libro de poemas, *La rueda de la fortuna*, en la colección del Fondo de Cultura Económica, además de unas memorias inacabadas—.

De Paz Garro se ha dicho que le tocó ser siempre adulta, vivir «entre dos fuegos», y que gracias a ella Elena estuvo acompañada. En algunas biografías y retratos que se han publicado de su madre, de hecho, parece que el cordón umbilical que un día las unió jamás se hubiera desprendido. Solo hace falta leer las pocas entrevistas que concedió para entender la admiración que tenía a Garro, pero también a Paz, quien supuestamente «decía que mi mamá era don Quijote y yo Sancho Panza». En una de esas entrevistas, concedida a Patricia Rosas Lopátegui y reproducida en la introducción de *Cristales de tiempo*, la antóloga quiere saber si para Helena Paz Garro es cierto que Octavio Paz ejerció censura sobre su madre.

«Me respondió sin titubeos». Recuerda que le dijo: «Mi papá le prohibía escribir todo. No solo poesía. Todo. No la dejaba expresarse. Recuerdo que un día yo lo fui a ver y le dije que la dejara expresarse. Y él me preguntó: "¿Crees que así se le quite la locura?". Yo le repliqué: "La locura no, porque mi mamá no está loca, lo que se le va a quitar es la depresión"».

Un burro para el realismo mágico

Algunos lo llaman «una historia de amor y envidia». Otros se refieren a la relación de Paz y Garro como un cuento «sin posibilidad de final feliz». Algunos achacan las turbulencias a la locura de ella. Otros sugieren que toda locura existe porque alguien la alimenta.

Más allá de los datos biográficos y de las declaraciones que podrían arrojar certezas, lo cierto es que la obra de Elena Garro es un reflejo constante de la complejidad de la vida en pareja, de la cárcel que es el matrimonio y del dolor de saberse insultada, acosada por la persona a la que se ama.

Las voces narradoras de sus obras de ficción se expresan en esos términos: «Lola no se quejaba de su triste sino; miraba las estrellas que señalaban rutas abiertas en los azules del gran cielo y a las cuales llegaría alguna vez purificada por el sufrimiento. Para Lola, el sufrimiento era natural». Igual que en sus poemas: «Todas las sombras avanzan contra mí. / Mi corazón da un salto y sale del pecho. / Oigo su carrera por el cuarto, / abre la puerta, sale. / Me alcanza su galope por la calle. / Huyo por el pasillo largo. / Abro una puerta. / Qué loca tan estúpida te has vuelto. / Estoy con vida en el espejo».

Pero de donde más dolor y desesperación se extrae a propósito del matrimonio es de algunas de las declaraciones que facilitaba. Como esa que dijo a Gabriela Mora y que luego algunos han intentado convertir en una involuntaria poética de la autora: «Yo vivo contra él, estudié contra él, hablé contra él, tuve amantes contra él, escribí contra él y defendí a los indios contra él. Escribí de política contra él, en fin, todo, todo, todo lo que soy es contra él. Mira, Gabriela, en la vida no tienes más que un enemigo y con eso basta. Y mi enemigo es Paz».

O como esa otra que Garro pronuncia con picardía y ternura en el documental *La cuarta casa*, de José Antonio Cordero, y que tal vez podemos tomar como el resumen perfecto del imaginario íntimo y también del literario de Elena Garro: «Cuando era jovencita soñé que iba subiendo una colina de la mano de mis primas, y todas íbamos vestidas como de organdía, así muy monas, y llegábamos a lo alto de la colina, y allí estaba una mesita y un cura. Y decían: es que te vas a casar. Y yo: ¡ay no! ¡No me quiero casar! Decían: sí, aquí está tu novio. Y me volvía yo, y era un burro».

Habla la madre del realismo mágico, por si quedaban dudas.

ANEXO

Carta a Elena Garro.
(O bien: No hace falta un rey
para ser reina)

Querida Elena:
No me conoces, pero en los últimos meses te he leído mucho, y hasta he escrito mucho sobre ti. Sospecho que no me volverán a invitar a determinados eventos literarios porque en vez de hablar de aquello por lo que yo había sido invocada, lo que hice fue invocarte a ti y tu causa, deseando que todos los allí presentes te descubrieran. Sé que yo soy muy pequeña y tú muy grande (incluso si escribiste ese poema que tanto me gusta: «La noche es muy oscura / y no se acaba nunca / y yo soy muy pequeña / y estoy muy delgadita»). Sé que no necesitas que me suba a un escenario y que pronuncie tu nombre, pero hacerlo lleva siendo para mí una necesidad desde que en 2016 conocí tu historia de la peor de las maneras posibles. Tal vez te acuerdes. Bueno, cómo no ibas a acordarte si fue un escándalo... Me refiero al momento en el que, no sin la noble voluntad de recuperar algunas de tus obras ausentes en España, la editorial Drácena vistió tu *Reencuentro de personajes* con una faja insultante: «Mujer de Octavio Paz, amante de Bioy Casares, inspiradora de García Márquez y admirada por Borges». ¿Qué pretendían con ese texto? ¿De verdad creían que te alababan con esa presentación simplona?

Querida Elena, con razón te llamaron reina marginada. O en palabras de María Luisa Mendoza: «la reina más pobre». Yo he aprendido que eres esa reina por cosas que nada tienen que ver con tu obra. Nadie te ha permitido aún coronarte como «la mejor escritora de México». Por eso déjame hablar de ti aunque no me conozcas. Déjame volver a leerte y a ver esa imagen de YouTube en la que parpadeas muy despacio, escuchando atenta los miedos de tu hija, Helena. O déjame hablar de cómo se peleaban tus gatos en la encimera de una casa en la que probablemente ya no escribiste porque estabas enferma. Déjame contar cómo de tanto que te dijeron que estabas loca, acabaste estando loca, ¿qué culpa tenemos los que señalamos así a una mujer? ¿Hasta qué punto nuestro dedo acusador es también el culpable? Déjame recordar ese poema que te escribió tu hija de adolescente. Uno al que ella llamaba premonición, pero que para mí es lo que confirma tu destino homérico:

> *La han vencido.*
> *Solitaria habitante de la ciudad blanca,*
> *abandonada en la selva.*
> *Reina de un reino desaparecido.*

Tuya,
    Luna.

03

Rosario Ferré
nos dejó las instrucciones
para ladrar

> «*Te equivocas, Fina, que no buscan a un hombre, sino a un escritor honesto. Siendo perras y no perros, debemos estar más seguras de nuestra búsqueda. No me preocupa tanto el problema de la verosimilitud en la literatura, como discutía con el amigo Peralta el pobre Alférez Campusano al salir del Hospital de la Resurrección en Valladolid; me preocupa más bien la equívoca imagen que de las féminas proyectan hoy en sus novelas algunos de nuestros novelistas más famosos.*»
>
> Rosario Ferré

El coloquio de las perras

Para odisea, la de encontrar ese libro: se llama *El coloquio de las perras* y Rosario Ferré lo escribió para demostrar en primer lugar que podía construir un ensayo mezclando una especie de realismo mágico tardío —o más bien surrealista, delirante— con una exhaustiva crítica literaria de corte feminista en la época en la que la literatura en español de «primera línea» carecía de tal cosa —de la segunda, claro, el feminismo, porque de realismo mágico teníamos mucho y una de sus inventoras fue mujer—. Y en segundo lugar para dejarnos claro que también era capaz de hacer eso que la escritora Sofía Castañón llama «enmendar a los señores». *El coloquio de las perras*, publicado originalmente en 1990 y de evidente inspiración cervantina, supone un punto y aparte. Una revisión escéptica de la historia de la literatura latinoamericana —la historia del *boom*, más bien— en la que la puertorriqueña, no contenta con disparar al canon, dispara al propio feminismo con el que ella comulga, llegando a poner en boca de uno de sus personajes si no será que igual que los hombres parecían incapaces de retratar bien a la mujer en su literatura, las mujeres habrán estado errando del mismo modo en su intento por escribir al género contrario. Lo que Ferré quiere con sus perras es mofarse de los ladridos de Octavio Paz, Gabriel García Márquez, Jorge Luis Borges, Carlos Fuentes o incluso Julio Cortázar —aquí nadie se salva, pero lo cierto es que Paz es el que más flores se lleva— para desentrañar «la equívoca imagen que de las féminas proyectan hoy en sus novelas algunos de nuestros novelistas más famosos». Pero no solo eso. También se propone, a través de dos mujeres convertidas en canes que deambulan y parlotean con visiones enfrentadas sobre la materia, construir una guía de lectura antisexista, pues parece que confía más en el futuro lector que en quienes se seguirán dedicando a escribir sobre féminas irreales en los siglos por venir. Según Ferré, además, uno de los escenarios ideales para la literatura sería la ausencia de géneros. Como dijo la colombiana Marvel Moreno, inspirada en una idea muchas veces repetida por Juan Goytisolo o Virginia Woolf: «El buen escritor es andrógino». Para la puertorriqueña, pues, en el futuro la literatura aspiraría a la abolición de una «escritura masculina» y otra «escritura femenina». Pero teniendo en cuenta que históricamente la segunda ha estado tan marginada, la autora de *El coloquio de las perras* también intuyó que todo era parte de un proceso. Que dinamitar las circunstancias sociales y las desigualdades a las que las mujeres escritoras se han enfrentado desde hace siglos era una prioridad en su lucha. Y así lo demostró con su producción literaria. Y especialmente con algunos personajes de sus cuentos y de sus híbridos de ensayo y ficción, como el impresionante *Papeles de Pandora*, publicado por primera vez en 1975 en México, pero inexplicablemente ausente en librerías españolas hasta 2018.

Puta y señora

A pesar de que la primera edición tiene casi cuarenta y cinco años, *Papeles de Pandora* es un libro de mucha actualidad tanto temática como estilística. Tal vez como en *El coloquio de las perras* lo que destaque de su estilo sea el gamberrismo. Rosario Ferré escribe aquí como si estuviera jugando —con el lenguaje, los idiomas, los dobles sentidos, las metáforas y la poesía—, algo que podría dar pie a que ciertos académicos no se la tomaran en serio, aunque ella ya era consciente de que por el hecho de ser mujer muchos nunca lo harían. Como además explica Mariela A. Gutiérrez en *Rosario Ferré en su Edad de Oro. Heroínas subversivas* de Papeles de Pandora *y* Maldito amor, las mujeres representadas en la literatura de Ferré siempre tuvieron este ánimo de salirse de los moldes, de romperse a sí mismas los clichés que las definían, poniendo a prueba al lector, sin temer desagradarlo. En una reseña publicada en *Oculta Lit* en 2018, Ricardo Martínez Llorca incide en la idea de esta subversión, pues para él «*Papeles de Pandora* construye un mundo con complejos, también en todos los sentidos de la palabra, y es un esfuerzo descomunal por representarlos. Los complejos, ya lo sabemos, están unidos a los deseos y los deseos, nos dicen los hombres espirituales de oriente, terminan por llevar al dolor. En este caso, Ferré adopta puntos de vista en los que el dolor proviene en buena medida de la rigidez fruto de los prejuicios, porque los prejuicios son implantes, son prótesis que tomamos por cuerpo». A propósito de los prejuicios, es irónico comprobar que *Papeles de Pandora* ni siquiera era el título original de la obra. Tal y como puede leerse en algunas notas biográficas, en su primer borrador el libro se llamó *Papeles de Pandora: puta y señora*, algo que no sobrevivió a las tijeras del primer editor, quien dejó en portada una versión mucho más recatada, aunque igualmente sugerente. Al leerlo es imposible no hacerse la pregunta: ¿qué eran esos misteriosos papeles? ¿Qué tendría que decirnos la primera mujer del mundo retratada en la mitología griega? ¿Por qué una intelectual puertorriqueña, hija de gobernadores y de clase pudiente, iba a tener la clave para desvelarnos tales secretos? ¿Cómo iba a conocer una mente y una vida tan privilegiada el cerebro de las mujeres? ¿Qué podía saber ella?

Cuestión de género, cuestión de clase

Rosario Ferré nació en Ponce en 1938. Su padre, Luis Alberto Ferré, fue gobernador de la isla a principios de los años setenta. Su madre era profesora, católica y, según el prólogo de la edición de *Papeles de Pandora* en la editorial española La Navaja Suiza, una mujer discreta. Llama la atención lo de mujer y discreta, porque Rosario Ferré se convirtió en seguida en todo lo contrario. Ella, lectora de libros prohibidos, estudiante modelo y chica pudiente, prefirió entregarse al estudio de la literatura y a la celebridad como pensadora: llegaría después a ser más famosa que su padre —por no decir que solo hubo una firma así de relevante en toda la literatura puertorriqueña del siglo xx— sin la necesidad de haber tocado la política o las instituciones públicas, solamente las palabras. Con esas palabras, Ferré nunca quiso ocultar su condición, pero sí cuestionarla. Basta una rápida búsqueda en Google para entender hasta qué punto sus ideas sobre el género y la clase les sirvieron a muchos para cuestionar toda su trayectoria. Como recuerda la nota de prensa de su obituario en 2016, durante su vida «la llamaron anarquista, pornográfica y traidora de su clase». Tiene sentido que Frances Negrón Muntaner, al entrevistar a Ferré en 2002 para *80grados*, le preguntara sobre la insistente animadversión que los intelectuales de Puerto Rico le profesaban. Ella misma recuerda que además de «traidora de su clase» algunas voces sugirieron que también traicionó al feminismo, a su idioma, ¡y hasta a la literatura latinoamericana!

De entre sus extensas respuestas a Negrón Muntaner, hay una que puede resumir mejor algunos de estos conflictos sobre la recepción de su obra, «aparte de decir que mis libros son mercancías, que es ya peyorativo, también se insiste que ya no escribo en español. De acuerdo a un joven escritor […] yo habría abandonado la lengua española porque me parece que no es suficientemente rica. Este afirma, como escritor puertorriqueño, que la lengua española es una maravilla porque es la lengua de Cervantes y que no se ha explotado todavía. Pero yo, traidora al fin, he dejado de escribir en español y escribo en inglés para vender mis libros y lucrarme; ganar más dinero. Primero que nada, esto no es verdad.

Cada libro que yo he publicado en inglés, lo he publicado también en español. Y he hecho versiones inmediatas al español, precisamente para curarme en salud de esa acusación».

El feminismo iracundo

Incluso siendo la gran narradora que fue, incluso habiendo logrado el reconocimiento a través de ventas, traducciones y el respeto de la crítica extranjera, Rosario Ferré personificó eso que Johanna Russ llama «falsa categorización» en *Cómo acabar con la escritura de las mujeres*. Además de culparla por «lucrarse» —¿no se lucran acaso el resto de escritores macho? ¿No reciben premios, adelantos o *royalties*?— se le ponían etiquetas que cuestionaban cualquiera de sus decisiones como narradora. Porque cuando hablaba de mujeres de clases bajas, Rosario Ferré tenía que estar mintiendo, ¡pero si era una pija!, ¡una consentida! Cuando su personaje era indígena o afrodescendiente, tenía que estar exotizando, ¡pero si su piel era tan blanca! Cuando reclamaba un lugar para la literatura escrita por mujeres, exageraba, ¡pero si ella era una privilegiada que se había colado entre los nombres de Mario Vargas Llosa, Ernesto Cardenal o José Lezama Lima! Cuando hablaba de erotismo, o ponía palabrotas, o se reía de un libro intocable, ¡quería desvirtuar la alta literatura de la que presumía escribir! Cuando dedicaba sus clases a promover la lectura exclusivamente de escritoras latinoamericanas, ¡estaba dejando a su maestro Julio Cortázar en la estacada solo por ser hombre! Cuando escribía sobre Cortázar, ¡estaba apoderándose de una firma a la que nunca alcanzaría! Cuando escribía cuentos en español, ¿ahora sí? Cuando escribía poemas en inglés o se quedaba finalista del National Book Award, ¡qué inmerecido!

Dramatizaciones aparte, si lo pensamos bien, célebres frases suyas como «la ira ha sido el incentivo para que muchas mujeres escriban bien» —que probablemente Ferré haya elaborado tras las lecturas de sus autoras feministas de cabecera: Virginia Woolf, Simone de Beauvoir y Anaïs Nin— dicen mucho de todo aquello por lo que luchó intelectualmente, pero también de lo que en el terreno privado tuvo que soportar. Aunque si hay algo que la biografía de Rosario Ferré demuestra, es su rechazo al victimismo. Pero no a cualquier victimismo, sino sobre todo y en primer lugar al suyo propio. Alguien dotado de tales privilegios no debería mostrarse débil, y ante las críticas incendiarias hacia su excelencia solo podría responder con aún más excelencia. A Negrón Muntaner le dijo «donde mis libros son realmente revolucionarios es en la lucha feminista; la búsqueda de la libertad personal». Su feminismo fue dialogante: quería usarlo para abrir los ojos de los demás. Como reclama en *El coloquio de las perras*, su papel no debería ser solo el de señalar las injusticias, sino el de formular los códigos para solucionarlas. Así lo señaló también Magali García Ramis: «Fue brava, más que muchos en este país, y fue escritora, ¿qué más puede uno pedirle a la vida?». Aunque, por encima de todo, Ferré fue una pensadora generosa, consciente de que en una guerra —la que libró contra el «mundo varonil» de la escritura— no todos los cuerpos son aptos para salir al campo de batalla. Pero ella ya salió con su espada y con su ira. Desde hace décadas lucha por el resto cuando hace falta. A las que quieran acompañarla, las estará esperando.

Dios te libre (una conversación con Ivelisse Álvarez, poeta y estudiante de Grado de Literatura Comparada en la Universidad de Puerto Rico)

—Veo en tus redes que eres de Ponce, como Ferré. ¿Se la recuerda mucho por allí?

—Siempre que leo a Rosario Ferré me resulta todavía más comprensible el que deviniera en la obstinada ponceña que al parecer fue. Ponce es una ciudad conservadora. No estoy segura de que allí se la recuerde mucho. Puede que alguien comprara su libro de memorias. Lo vendían por la calle Estrella, en la farmacia Walgreens, antes de que cerrara. Todavía sus libros se consiguen por la calle Unión, en la librería El Candil. Calles que su familia transitó y de las que ella escribió. Pienso que Rosario Ferré amaba los nombres de las calles. En mi caso, confieso que por mucho tiempo di un paso al lado con su obra, pues siempre me atrajo más la escritura de Magali García Ramis, otra escritora puertorriqueña de la Generación del 70.

—Entonces, ¿a Ferré hay que considerarla puertorriqueña o estadounidense?

—Es muy puertorriqueño exiliarse a los Estados Unidos. Ir y volver. También García Ramis ironizó sobre esta dicotomía en su crónica «Los cerebros que se van y el corazón que se queda», cuando dijo: «Todos tienen algo roto, por eso se van». Y creo que Rosario Ferré fue en cierto modo un cerebro de esos que se desplazó al otro lado del Atlántico, porque seguramente estaba rota. Desencantada, con ilusiones y aspiraciones y búsquedas. En *Ofelia a la deriva en las aguas de la memoria* ella misma escribió acerca de su americanidad: «El vivir lejos de Puerto Rico me permitió ver cómo la izquierda se confundía con la derecha y la derecha con la izquierda sin sentir pánico por ello y sin perder el sentido de dirección. Me vi obligada a nadar lejos de ambas orillas, dando brazadas tanto en inglés como en español, porque mi destino era vivir por la palabra».

—Tú eres estudiante de literatura en Puerto Rico, así que sabrás mejor que nadie cómo se enseña a Ferré en la academia. ¿Hay espacio para ella? ¿Y para otras mujeres? Lo pregunto porque aquí en España, desde los mismos libros de texto del colegio, las escritoras son prácticamente invisibles.

—Yo diría que el problema es a veces el tipo mismo de gesto visibilizador. El aproximarnos a un libro con descuidos, con cierto aire mítico de la vida de su autora, de las anécdotas de sus fracasos en el amor, de sus adicciones, de sus suicidios o malditismos. Todo eso que luego se toma en cuenta como síntomas de un malogro intelectual. Algo que no soporto de la universidad tiene que ver en parte con esa solemne borradura del canon. Por supuesto que Luisa Capetillo, Julia de Burgos y Rosario Ferré constituyen un canon de escritoras que leemos con regularidad en cursos de literatura puertorriqueña. Pero, por más desacertado que suene esto, esa lectura muy pocas veces se actualiza. Me temo que la vida y la obra literaria de una escritora nos llega preinterpretada y descifrada. En el fondo, la sensación que nos queda como alumnado lector es la de estar promoviendo no tanto una no lectura de la obra literaria de las mujeres, como su deslectura sistemática. Aprendemos a leerlas mal. Pero en la Universidad de Puerto Rico hay espacio para las mujeres. Con solo decirte que el semestre que siguió al huracán se nos asignó *El cuento de la criada* de Margaret Atwood en un curso medular de literatura contemporánea. Se ofrecen cursos graduados especializados, por ejemplo, en la temática del sufragio y la poesía vanguardista femenina. Aunque cursos así son más frágiles, demasiado esporádicos, en oferta académica cada cuatro o cien semestres.

En cuanto a Rosario Ferré, debe de ser la escritora puertorriqueña cuya obra mejor ha acaparado los arsenales de tesis y monografías de la crítica literaria en la Universidad de Puerto Rico. Lo digo así, con algo de sarcasmo, pero también con la sospecha de que es cierto y bien merecido, entendiendo por su obra sus primeros cuentos, los más asignados en las salas de clases, «La muñeca menor» y «Cuando las mujeres quieren a los hombres». Nada más consultar en Google vagamente «Fábulas de la garza desangrada» para ver aparecer unos cuantos enlaces de proyectos de investigación literaria bellísimos, disponibles en la red, en torno a su poética.

—Por lo que dices Ferré no es una de esas «des-leídas» sistemáticamente... ¿o sí?

—Lo explico mejor con una anécdota. Es el año 2017, poco antes de la huelga estudiantil. Estoy matriculada en un curso subgraduado de investigación literaria. Una compañera viene al salón entusiasmada con un texto de Rosario Ferré como propuesta de tesina. Lo comparte con timidez, pero decidida. Todos nos sentimos igual de nerviosos e intimidados. Y en unos pocos segundos, escuchamos la voz de nuestro profesor, con un cuidado que juzgo deliberado, pedirnos que problemas con otros autores, pues a Ferré ya se la ha estudiado lo bastante. Tanto que resultaría complicado emprender una búsqueda delimitada de la bibliografía pertinente para la investigación. Parece lógico, lo comprendemos. Y, aunque nos suena triste y rudo, no nos defendemos. A mí, de hecho, muy recelosamente me da por pensar que se nos protege, se nos está protegiendo de albergar la ilusión naíf de tener algo novedoso que aportar al estudio de la obra de Ferré, tan barroca y agresiva, pero no se lo digo a nadie.

No le digo a nadie que nos están pidiendo que la olvidemos.

No le digo a nadie, porque no soy consciente de ello.

A los estudiantes de literatura nos quebrantan estas cosas. No parecer lo suficiente rigurosos, lo suficiente sabiondos y sensibles para leer lo que queramos. Para leer a las mujeres. Con pretextos similares, semestre por semestre, se nos imponen prontuarios muy masculinos, en donde está justificado leer a Borges o a Eduardo Lalo, sin que a nadie le parezca peligroso deconstruir sus melancolías, revisar sus tics, tolerar sus voces sobrerrepresentadas. Aun cuando, de todo corazón, jamás me opondría al estudio de la obra de Borges, porque amo sus libros y en esos mismos salones fue donde también a él lo descubrí. Pero es doloroso. Duele ese indirecto «Dios te libre» de algunos profesores, y también, de algunas profesoras. Un Dios te libre de redactar otra tesina apoyada con la última teoría de género acerca de un cuento de Rosario Ferré rescatado de la década del setenta; Dios te libre de ir a la universidad a estudiar literatura, a superar el temor a que ciertos temas, ciertas obscenidades, cierta rabia, ciertos papeles y pandoras se actualicen y trasciendan los muros carcelarios de una mala lectura.

—Joder, qué terrible... A mí me sorprende que además en España esté tan olvidada... Que después de haber rondado por grandes editoriales aquí solo se la reivindique desde pequeños espacios. Saliendo de la academia, y de puertas para afuera, ¿con qué otras escritoras crees que esté pasando eso?

—Es posible que la estemos empezando a olvidar. A veces presiento lo mismo con la poesía de Julia, que tras su centenario apenas ha habido destellos de una apertura real a su lectura. Tal vez tengo una idea demasiado excelsa de la universidad, pero entré aquí para conocerlas y leerlas, y he ido descubriendo algunas voces, no tanto por los prontuarios, como por los pasillos entre clase y clase, en manos de mis compañeras generosas que riegan la voz, dispuestas a compartir sus libros-joyas recuperados de las librerías locales. Poetas puertorriqueñas y dominicanas que reivindicar: Clara Lair, Marigloria Palma, Consuelo Lee Tapia, Salomé Ureña y Aída Cartagena Portalatín, por mencionar algunas.

—Duele pensar que muchas de las reivindicaciones que estamos planteando ya se manifestaban en libros como el que la misma Ferré escribió: *El coloquio de las perras*. ¿Lo has leído?

—No lo he leído, pero he leído sobre él. En cuanto te vi compartir tu ejemplar por las redes en seguida me sedujo el hecho mismo de que no lo conociera, ni hubiera oído ese título jamás a lo largo del bachillerato. Soy partidaria de la idea de que leer bien es leer como si fuera urgente. Darles a los libros que subestimamos su sentido de aquí y ahora. Rosario Ferré, sus observaciones y denuncias del canon latinoamericano y de la crítica literaria me parecen de absoluta actualidad, sobre todo por la franqueza. Creo que la empatía y la franqueza son los valores predilectos de nuestra generación.

—Me gusta mucho imaginar a autoras de antaño a las que amo formando parte de nuestra generación. Sé que no hace tanto que murió, pero si Ferré estuviera viva, hoy, y tuviera como tú veinticuatro años, ¿qué crees que le preocuparía?

—Rosario Ferré, con arrojo y desvergüenza, puso todos sus esfuerzos en desarraigar a la literatura puertorriqueña del halo de costumbrismo nostálgico y paternalista que ocupaba. Supongo que ella encabezó esta impresión de avance en el Caribe y Latinoamérica. Y en ese sentido, me parece que la oigo despreocupada y cínica diciéndonos algo horrible como: «¿Y qué si nos olvidan? Toda mujer escribe para recuperarse a sí misma». Pero en inglés.

—Pero para que no nos olviden, te voy a pedir que me recomiendes escritoras a las que creas urgente recuperar.

—Desde luego, a la poeta y sufragista peruana Magda Portal, a la escritora chilena Winétt de Rokha, a la poeta dominicana Aída Cartagena Portalatín, a las argentinas Alfonsina Storni y Silvina Ocampo. Y, por supuesto, leamos el poema «Después» de la puertorriqueña Julia de Burgos. Y también, por qué no, las expresiones de Rosario Ferré que me he apropiado del Internet: «Soy una anarquista literaria irredenta y a orgullo lo tengo. Creo que es la pasión por la libertad lo que me ha hecho ser escritora. Escribo en español y en inglés precisamente porque el bilingüismo está proscrito en Puerto Rico. Y a mí, desgraciadamente, basta que me prohíban algo para que inmediatamente me empeñe en hacerlo».

ANEXO

Carta a Rosario Ferré. (O bien: Contra el papel secundario)

Querida Rosario:
Te pido disculpas por robarte *El coloquio de las perras* para usarlo en mi favor. No exageré cuando decía que encontrar una versión completa de tu texto original fue un suplicio. Al principio tuve que leerlo troceado en algunas páginas web que llevarían siglos sin actualizarse. Después logré acceder a un fragmento que decidiste incluir en esa edición de tus obras completas seleccionada por ti misma. Y más tarde conseguí —no diré cómo, por si las moscas— descargar un PDF con la totalidad del texto en inglés. Me encantó el título traducido: *The Bitches' Colloquy*. Mucho más elocuente. Al verlo lucir así en otro idioma me pareció que tal vez con esas *bitches* te vengabas de quienes años atrás te borraron el subtítulo «puta y señora» de tu *Papeles de Pandora*. Te saliste con la tuya, Rosario, hiciste lo que te dio la perra gana. Por eso creo que podrás perdonarme esta reapropiación de un título que además tú también habías robado a Miguel de Cervantes. Dicen que escribir es muchas veces robar, pero yo creo que escribir también es hacer justicia, o, por qué no, vengarse.

Querida Rosario, te he visto magnífica en YouTube, en esa entrevista del Instituto Cervantes de Nueva York, junto a José María Conget y Raquel Chang-Rodríguez. Allí has contado cómo el hecho de que tus libros estén en español o en inglés no es un problema para ti: tú sabes traducirte a ti misma, sabes qué importante es para tu obra la fluidez idiomática, e incluso sabes la admiración con la que tus palabras son recibidas fuera de las barreras del castellano. Me impresiona que en Estados Unidos se te considere como la más grande escritora del feminismo latinoamericano, pero que luego en la academia española tu nombre no se mencione ni una sola vez. Chang-Rodríguez hace referencia a esto mismo en la charla, para preguntarte después por cómo concebiste *El coloquio de las perras* y por si tú crees que en aquella época, a finales de los noventa, había habido algún avance con respecto a la recepción de la escritura de las mujeres. Tú respondes dos cosas que tengo anotadas y que quería recordarte en mi carta. La primera para robártela algún día: sobre lo gamberro de *El coloquio de las perras*, aseguras que te gustó escribirlo porque «la risa es la mejor arma contra la muerte». La segunda para contextualizarla en el presente, porque demuestra que en las últimas dos décadas las cosas han cambiado y que los papeles secundarios contra los que escribiste están diluyéndose —hoy en nuestras ficciones somos un poquito menos musas, un poquito menos fantasmas, un poquito menos objetos de deseo, un poquito menos perversas—. En el vídeo de YouTube del Instituto Cervantes, José María Conget escucha la pregunta de su compañera sobre feminismo y te apremia para que tu respuesta sea lo más breve posible: «Te quedan solo unos segundos», aclara, y entonces tú le echas una mirada de órdago y lo que haces es contestar de la manera más contundente posible: «Creo que en cuanto al *establishment* se refiere no ha habido cambio alguno en la recepción, lo que sí ha habido es un gran gusto por esta literatura maravillosa que están escribiendo las mujeres de parte del público».

Querida Rosario, una vez más, tú disparas al que se cree amo, pero nunca hacia los cuerpos libres y hermosos de las perras.

Tuya,
   Luna.

04
Lo primero que dicen en la nota biográfica de este libro de Pita Amor es que era «guapa»

«Más allá de mí se juzgará mi poesía.»

Pita Amor

Ocultarse en los escándalos

Qué extraño... Si eres hombre, poeta, alcohólico y acabaste tu vida de forma trágica, tienes todas las papeletas para convertirte en escritor maldito. Pero si eres mujer, poeta, vividora y acabaste tu vida de forma trágica, lo que muchos dirán de ti es que fuiste una «musa», una «poetisa a la sombra de tu forma de vida», una «excéntrica». Ser *musa*. Cuánto peso en una palabra tan breve. Cuánta condena. Porque mientras en México una figura como la del infrarrealista Mario Santiago Papasquiaro llegaba a considerarse la de un genio, otra como la de Pita Amor, de cuyo nacimiento se celebraron recientemente cien años, llegó a marchitarse y a condenarse, en el olvido al que desterramos a quienes se atrevieron a ser libres, a bailar desnudas, a escribir sobre locura y desamor. Pita Amor, por suerte, es hoy más que las habladurías que sobre ella revolotearon. Lo demuestra el cariño que por ella profesan los escritores más jóvenes del país. Poetas como el poblano César Bringas, por ejemplo, que asegura que ella perteneció «al último coletazo de las grandes leyendas de la cultura popular mexicana del siglo XX, esa que se creó a partir de la posrevolución y se volvió semillero de las figuras que hoy son inseparables de la identidad del mexicano común: Diego Rivera, Frida Kahlo, María Félix, Chavela Vargas, Dolores del Río, Guillermo Haro, Octavio Paz, María Izquierdo, Rufino Tamayo, Xavier Villaurrutia, Salvador Novo y un largo etc.». Así es. Amor, como esa lista de nombres, fue leyenda. Es leyenda. Se remueve, otra vez, en nuestro imaginario, como leyenda. Algo de lo que la propia Amor renegaba, porque solo los verdaderos héroes reniegan de su importancia. Comparada en vida con la mismísima sor Juana Inés de la Cruz, Amor prefirió reírse y decir que en todo caso ella era «más mística» que la religiosa. También desdeñó su propia literatura, atreviéndose a escribir poemas en servilletas garabateadas con su lápiz de ojos —«me cuesta más trabajo pintarme un ojo que escribir una décima», dijo una vez—. Y se burló de los críticos que alababan su obra, así como de los escritores que le recriminaron su silencio, publicando en su última etapa libros de poemas crudos y radicales, en los que se describía a sí misma como «histérica, loca, desquiciada; pero a la eternidad ya sentenciada». Tal vez esa era su manera de prepararse para lo peor: para los ojos oscuros que también la querían desacreditar, como cuando publicó su primer libro de poemas y los cuchicheos apuntaban a que aquella obra se la había escrito un hombre —su padrino literario, Alfonso Reyes—, a lo que ella supuestamente respondía, según su sobrina, Elena Poniatowska, con un poema que parodió de Lope de Vega: «Como dicen que soy una ignorante / todo el mundo comenta sin respeto / que sin duda ha de haber algún sujeto / que pone mi pesar en consonante. / Debe ser un tipo desbordante / ya que todo produce, hasta el soneto; / por eso con mis libros lanzo un reto: "burla burlando, van los tres delante". / Yo solo pido que él siga cantando / para mi fama y personal provecho / en tanto que yo vivo disfrutando / de su talento sin ningún derecho. / ¡Y ojalá no se canse, sino cuando / toda una biblioteca me haya hecho!».

Y ocultarse en el dolor

Aunque a las críticas desmesuradas de los otros era capaz de responderlas con aspavientos y chistes, en un momento de su vida Pita Amor también se vio obligada al silencio. Amor dejó de hacer apariciones públicas y de asistir a recitales y a fiestas tras la muerte de su hijo. Hasta diez años estuvo sin publicar después de que

Manuel —Manuelito, como ella lo llamaba—, de solo un año y siete meses, muriera en la piscina de la casa de su hermana, tal y como explica César Bringas, «rodeado de lirios de agua lo encuentra una de las sirvientas de Carolina». Amor escribió un valiente poema al respecto:

> *Maté yo a mi hijo, bien mío*
> *lo maté al darle la vida*
> *la luna estaba en huida*
> *mi vientre estaba vacío.*
> *Mi pulso destituido*
> *mi sangre invertida*
> *mi conciencia dividida.*
> *Era infernal mi extravío*
> *y me planteé tal dilema*
> *es de teología el tema.*
> *Si a mi hijo hubiera evitado*
> *ya era bestial mi pecado.*
> *Pero yo no lo evité:*
> *vida le di y lo maté.*

Porque ella, que había odiado ser madre. Ella, que había dado a su hijo a su hermana. Ella, que había reconocido «impulsos asesinos» hacia el crío como tantas otras madres primerizas. Ella, que había detestado aquello en lo que su cuerpo se convirtió tras la cesárea. Ella, que se quedó sola, triste, encerrada en un psiquiátrico, pobre como una rata, abandonada cuando su marido dejó de «pagarle los caprichos» y cuando su familia le declinó el dinero. Ella, que había sido la nueva sor Juana Inés de la Cruz, fue de pronto una loca. Una descarriada. Como si las leyendas no pudieran sufrir. O como si las mujeres no pudieran desangrarse en público. En realidad, desangrarse era uno de los más grandes motivos de su poesía:

> *Mi sangre entraña misterio:*
> *de eternidad fue formada,*
> *y aunque hoy esté aprisionada*

> *en venas de cautiverio,*
> *eterno será su imperio,*
> *pues la quietud no termina.*
> *La sangre siempre domina*
> *que antes de estar en mi ser*
> *ya fuego debió de ser*
> *esta sangre que me anima.*

Pero le dio igual. A Amor todo le daba igual. Hizo en público lo que México no le permitía mostrar. Posó desnuda, por ejemplo, para Diego Rivera. Fue colega de celebridades igualmente escandalosas, como Frida Kahlo o Salvador Dalí. Y hasta mantuvo amistad con autoras feministas de otros puntos de América Latina, como Gabriela Mistral —una correspondencia extensa lo corrobora—, demostrando que, juntas, las poetas podían ser poderosas a pesar de los intentos de muchos por callarlas. Nuevamente Amor batallaba la burla con más jaleo: dejó que los periodistas visitaran su casa, que se la encontraran ataviada con «hasta sesenta collares colgando de su cuello». Paseó con solo una gabardina y tacones por los barrios en los que bebía hasta altas horas de la madrugada. Acumuló tesoros como un Diógenes dorado, para venderlos después, cuando su cuerpo frágil se acercaba al día de su muerte. Porque aunque a muchos les pareciera eterna, Amor fallecería sola, aunque no sin antes llegar al mes de mayo del 2000, quizá para asomarse al nuevo siglo y poder contarlo.

Para quedarse tranquila entre las sombras

Sobre su muerte ha escrito mucho su sobrina, Poniatowska: «Se decía que no era posible que una mujer tan frívola hubiera escrito esos versos. Pero sus sonetos eran perfectos». Lo que tuvo que añadir sobre «tía Pita» fue lo que cualquier niño diría ante un adulto tan extraño y tan brillante: en los obituarios que le dedicó, Poniatowska decía recordar su olor, su decrepitud y sus joyas. Recordaba también haber estado de pequeña en su casa. Esa casa que tantas veces era metáfora en sus poemas. Esa casa que pasó de albergarlo absolutamente todo —hasta montañas de libros, ediciones preciosas de Federico García Lorca y poetas del Siglo de Oro que le traían sus amigos desde Madrid— a no guardar nada, casi como una premonición. ¿Por qué no son los primeros poemas de cualquier escritor o escritora los reflejos firmes de aquello que será siempre su vida? ¿No son versos como «casa redonda tenía / de redonda soledad: / el aire que la invadía / era redonda armonía / de irrespirable ansiedad…» el broche perfecto para quien invocó a la muerte desde los veintisiete años? La imagen lúcida de una Pita Amor a los veintisiete, sin embargo, no es la que buena parte de la sociedad mexicana recuerda, quizá porque en el ocaso de su vida su figura de «vieja cascarrabias» llegó a inspirar a un personaje de la televisión pública: un hombre, el cómico Miguel Romero, se disfrazaba de ella y contaba chistes a menudo zafios y sexistas sobre lo que fue la vida de la poeta —Amor meándose en su sofá, Amor haciendo rimas malas, Amor bebiendo todo tipo de alcoholes como si fueran agua, Amor negándose a la ducha, Amor enfermiza—. Qué extraño… Porque a un poeta vividor, presumido, pleno y célebre —¡tantos en la historia!— ¿lo habrían denigrado de esa manera en televisión? ¿Lo habrían convertido en un guiñol descarriado? ¿Pero es que no les había quedado claro que ella al fuego le echaba más fuego? Ya no cabe ninguna duda de que «la poeta más polémica de México» era capaz de renacer de entre las sombras. De que si Pita Amor fue musa, es porque ella quiso serlo. Si Pita Amor fue desagradable, es porque ella quiso serlo. Si Pita Amor fue promiscua, es porque ella quiso serlo. Si Pita Amor fue surrealista, es porque ella quiso serlo. Si Pita Amor fue frívola, es porque ella quiso serlo. Si Pita Amor fue descuidada, es porque ella quiso serlo. Y tampoco cabe duda de que si Pita Amor fue la poeta más polémica de México, es porque ella, y solo ella, escribió los perdurables poemas que le llevaron a serlo.

ANEXO

Carta a Guadalupe Amor. (O bien: Cuánto me equivoqué)

Querida Pita:

La primera vez que escuché hablar de ti estaba en una librería clandestina de Guadalajara, México, con un grupo de poetas jovencísimos que me cayeron muy bien y que bebían mucha cerveza. Recuerdo que acababa de comprarme algunas ediciones de poetas de allí editadas por cartoneras. Apenas unos pesos y conmigo se vino una versión preciosa de *Los perros románticos*, pintada de rojo y de azul. El libro era más barato todavía que la birra y por eso, en mi gesto airado de españolita con el monedero lleno de pesos recién cambiados, decidí invitar a todos los presentes a una nueva ronda. Entre tanto, pregunté a los poetas por sus lecturas, quería saber qué es lo que debía llevarme de allí para conocer toda la verdad sobre la poesía mexicana. No recuerdo qué nombres salieron entre ruidos de vidrios y risas, la verdad. Lo único de lo que me acuerdo es del silencio inquisidor de algunos de los presentes cuando el joven poeta César Bringas empezó a recitarte de memoria y me dijo que tú eras la mejor poeta de México. Cómo sonó aquel silencio. Cómo sonaron las medias sonrisas entre los que brindaban y reían por la poesía, pero que en ese instante prefirieron ignorar tu nombre de poeta. Yo también me callé. Eso sí que lo recuerdo muy bien. Yo me callé y no mostré ni el más mínimo interés por lo que significabas. Bringas siguió invocándote, y ni siquiera fui capaz de anotar tu nombre en mi libreta porque pensaba que aquel silencio solo podía significar que eras una escritora menor, algo que no merecía la pena, ¿y cómo iba a leer esta españolita con muchos pesos para cerveza en el monedero a una escritora que no merecía la pena?

Querida Pita, cuánto me equivoqué.
Querida Pita, te pido disculpas.
Querida Pita: fuiste tú la que dijo que más allá de ti se recordará tu poesía. Y eso es lo único en lo que ahora creo.

Tuya,
　Luna.

05

Pocos saben quién fue Alcira Soust Scaffo, pero menos conocen la historia de los poemas que cada año le enviaba al inmundo dictador Franco

«Escribir poesía, ¿vivir dónde?»

Alcira Soust Scaffo

La comedora de papel

Que una escritora sobreviviera comiendo papel parece algo propio de una leyenda. Pero es que casi todo en la vida de Alcira Soust Scaffo recuerda a un cuento, aunque tal vez no de hadas, sino por alguna de las mentes mágicas —Rimbaud, Baudelaire, Lautréamont— a las que ella leía, traducía y admiraba. En verdad, según la anécdota que sus amigos cuentan en el libro que reivindica su figura, *Escribir poesía, ¿vivir dónde?*, la uruguaya habría comido un papel mucho menos glamoroso que el que envolvía a sus libros franceses favoritos: se trataba del papel higiénico de los servicios de la Universidad Nacional de México en los que pasó encerrada alrededor de doce días durante la ocupación militar y tras las revueltas de 1968, cuando ella misma era una joven revolucionaria y estudiante interesada en las letras. Que su ingesta no es ninguna invención lo certifica su sobrino nieto, el fotógrafo Agustín Fernández Gabard, una de las fuentes familiares más presentes en *Escribir poesía, ¿vivir dónde?*, y que ahora se encuentra elaborando un documental con el que pretende poner el foco de una vez por todas en la figura de Soust Scaffo, más allá de la creación del mito y más acá de la verdadera reivindicación: «Es bastante seguro que haya comido papel mientras estuvo en el baño. También que se marcaba la cantidad de agua a tomar en la mañana, mediodía, noche...». Con esa técnica de resistencia —y después de haber troleado a los soldados que andaban apresando a sus profesores y a sus compañeros, poniendo el disco de la colección Voz Viva de México de León Felipe en los altavoces de la radio de la Facultad de Filosofía y Letras— su tía abuela logró aguantar allí oculta, aunque más por el miedo a ser deportada que por el de convertirse en uno de los cadáveres de la masacre del 2 de octubre. Tal vez esas delicadas horas y días en la vida de Alcira Soust Scaffo sean sobre las que más se ha escrito y estudiado a su respecto. Horas y días cruciales para la historia de todo un país, de toda una literatura y también de su propia obra. Allí encerrada, la uruguaya escribió poemas y tuvo sueños, que luego plasmaría en cartas a compañeros o en los textos que añadió a sus diarios. Aunque hasta esa fecha ella ya se sabía artista y se consideraba escritora, apenas había publicado. En adelante, la producción y reproducción masiva de esos poemas, traducciones del francés, cartas, montajes tipográficos, cuartillas garabateadas, poemas visuales y ediciones prácticamente caseras de fanzines poéticos, fueron una parte muy importante de su trabajo como autora, y, sobre todo, como difusora literaria y activista. Precisamente, la recolección de todos esos documentos permitió a Amanda de la Garza armar una exposición sobre la autora en el Museo Universitario, el pasado 2018. Una muestra que culminaría con la publicación de *Escribir poesía, ¿vivir dónde?*, y con la que, en palabras de la comisaria, se pretendía devolver el lugar en la historia a la artista uruguaya, un homenaje a su memoria, pero también, como recuerda Sandra Lorenzano en una columna de *SinEmbargo*, «a una parte de la historia de la UNAM, un reconocimiento a las posibilidades que ofreció y ofrece la institución al libre pensamiento y a la creación. Por eso es allí donde a partir de ahora permanecerá resguardado el archivo, que muestra su militancia a la vez política y poética».

De nada sirve ser la madre de los poetas

Pocos saben quién fue Alcira Soust Scaffo, pero muchos saben quién es Auxilio Lacouture, personaje de Roberto Bolaño en *Los detectives salvajes*, y protagonista de su novela breve *Amuleto*. En esta última, Bolaño no pudo dar más señas personales de la verdadera poeta —mujer bohemia, alta, misteriosa, uruguaya, comedora de papel— que se escondía tras su creación. A Lacouture le faltaba solo un corazón caliente para bombear como lo hizo durante muchos años en México el de Soust Scaffo. La diferencia entre la poeta de Bolaño y la uruguaya de carne y hueso es que de la historia de la primera siempre sabremos cada uno de los detalles que el chileno quiso narrar, pero que de la segunda nunca tendremos certezas. A día de hoy, la escritora uruguaya sigue siendo una incógnita para muchos, una suerte de mujer fantasmagórica que recorrió recitales, librerías y cafés, repartiendo poemas y alimentando su propia leyenda. Hay incluso algo paternalista, si se quiere, en muchas de estas miradas que hoy recuerdan a Soust Scaffo. Miradas en las que o la relegan a alguien desequilibrado —como hace Hermann Bellinghausen en unas declaraciones con motivo de la exposición, donde la recuerda como «la omnipresente Alcira», a la que «todos protegían y evitaban. Decía ser nuestra mamá. Nadie la tomaba en serio»—, o se nos sigue mostrando casi espectral, nunca como una escritora, pero sí como el personaje excesivo con el que Bolaño la inmortalizaría —también por el homenaje, Elena Poniatowska recuerda que la conoció en el entierro de Rosario Castellanos, como una mujer alta y con el pelo mojado que repartía poemas de Castellanos bajo la tormenta: «Se había tomado la molestia de escribir a máquina uno por uno, y los tendía bajo la lluvia»—.

Auxilio Lacouture se llamaba a sí misma en la ficción «madre de los poetas mexicanos». Para quienes reconocen el peso de su figura en la realidad, Alcira Soust Scaffo efectivamente llegó a serlo. Ya no hay modo de saber con qué intenciones se autodenominaba madre, pero suele ocurrir que cuando a una escritora se le cuelga esa etiqueta es para darle reconocimiento al mismo tiempo que se la deja de lado. Si en Francia la poeta Joyce Mansour era la «madre del surrealismo» para quedar luego relegada de los grandes nombres de tal movimiento… Si en México la narradora Elena Garro era «la madre del realismo mágico» para quedar luego oculta tras el autor de *Cien años de soledad*… Si en Estados Unidos a poetas como Joanne Kyger o Diane di Prima las consideraron «madres de la generación beat», pero luego han tardado décadas en ser reconocidas, traducidas y publicadas como parte de la misma… ¿Qué cruel destino le depararía a Alcira Soust Scaffo si de verdad los jóvenes escritores mexicanos de aquel momento la miraban como a una «madre infrarrealista»?

Su favorito era Ringo (una conversación con Agustín Fernández Gabard, sobrino nieto de la autora)

—No te voy a mentir. Hasta hace poco yo tampoco la conocía. Y al buscarla solo daba con algunas pistas, como las de Bolaño.

—Creo que por ahora sigue siendo «la de Bolaño», pero a raíz de la exposición (con todos los materiales que donamos desde la familia y amigos varios), es que se puede empezar a ver su obra entera, a que deje de ser Auxilio Lacouture y pase a ser la poeta Alcira Soust. Creo, ojalá, que de a poco se vaya ganando un lugar en la literatura latinoamericana.

—¿Y qué significa para ti la obra de Alcira Soust Scaffo?

—Para mí la obra de Alcira es su vida, porque su poesía no se limitaba a lo que escribía, sino que todo el tiempo generaba poesía. Plantando árboles y rosales en Ciudad Universitaria, abonando la tierra con poemas, entregando flores a la policía en las manifestaciones, participando activamente del movimiento estudiantil.

—Estás haciendo un documental sobre tu tía abuela donde imagino que mostrarás estas imágenes. ¿Pero qué buscas reivindicar con él?

—Es un intento de entender todas sus complejidades. Salir de la anécdota de su encierro en el baño y contar su historia de forma integral, todas las Alciras que la forman: la maestra, la poeta, la activista, la hermana, la tía que mandaba libros, la tía abuela misteriosa que un día volvió de México.

—¿La realización te está dando muchos problemas?

—Sí, desde la poquísima información que había cuando empecé allá por 2008-2009, tuve que investigar mucho, hasta lo complicado que es económicamente hacer cine desde Uruguay: pocos fondos, mucha competencia. Recién en 2016 gané un fondo que me permitió acelerar, empezar a trabajar profesionalmente, poder ir a México, etc.

—¿Y qué hay de publicar sus poemas? En *Escribir poesía, ¿vivir dónde?* solo se pueden leer en facsímil…

—Sería interesante que se publicase su obra. Inclusive lo he hablado con un editor que fue amigo de ella, pero implicaría un trabajo enorme de edición. Es algo que tengo en mente para cuando haya terminado con el documental.

—El suyo es un caso excesivo, pero no muy distinto al de otras escritoras que han quedado reducidas a etiquetas o a estereotipos y casi olvidadas por eso mismo… ¿Tú crees que la obra de tu tía abuela se ha demonizado de alguna manera? ¿O que fue ella la que deseó mantenerse en un segundo plano?

—Un poco de ambas cosas. Sobre la primera no diría «demonizado», pero como poeta sí se la minimizó por nunca haber publicado formalmente, sino que entregaba sus poemas en la UNAM o los recitaba, pero siempre *outsider* de las formalidades de la poesía consagrada. Sobre si quiso mantener su trabajo artístico en un segundo plano, es discutible, ella todo el tiempo mostraba lo que hacía, quizás de una forma demasiado esporádica. Pero ella guardaba, atesoraba, mejor dicho, copias de todos sus poemas, anotaciones, etc., ¿para qué alguien guarda su obra si no es para mostrar algún día?

—Tú que sí has podido leerla en profundidad, ¿cuáles crees que eran sus influencias?

—Hay tres ejes con los que ella se comprometió desde joven: los niños, la naturaleza y la justicia social, eso se ve en toda su obra. Son su combustible.

—¿Y sus escritores o artistas favoritos?

—Leía mucho a Lautréamont, a Baudelaire, a Rimbaud especialmente, inclusive los traducía. Alfredo Zitarrosa y Daniel Viglietti eran de sus músicos favoritos, también la música clásica, le gustaba Beethoven. Y también recuerdo que le gustaban los Beatles, y que su favorito era Ringo.

—Le interesaba la política. O al menos la combatía. ¿Qué haría ella ante el momento político que estamos viviendo en 2019?

—Yo creo que hoy en día Alcira estaría encabezando toda marcha feminista y movilización ambientalista cercana, gritando contra Trump, Bolsonaro, Macri… Estaría aplaudiendo la exhumación de los restos de Franco (cada conmemoración del bombardeo de Gernika ella enviaba un telegrama a Franco con un poema).

—Guau. ¿Qué tipo de poemas? ¿Alguien le respondió alguna vez?

—Nunca supimos de contestación alguna… Adjunta te mando una de las versiones de los poemas que le mandaba a Franco, por lo general cambiaba alguna dedicatoria o personaje:

Tú no has muerto
Está muerto Franco
Lo dispuso el viento
El mar y la mar
Tu pueblo y mi pueblo

Tú no has muerto
Está muerto Franco
Lo cegó la luz
Del loco manchego
De Goya del Greco
Y del nazareno

Tú no has muerto
Está muerto Franco
Muerto
Lo cegó la luz
Lo dispuso el viento
El mar y la mar
Tu pueblo-mi pueblo

ANEXO

Carta a Alcira Soust Scaffo. (O bien: Ni madre ni musa)

Querida Alcira:
   Debe ser bonito saber que incluso si nos vamos prematuramente de este mundo, o tal vez no tan prematuramente en cuanto a lo físico pero sí con relación al reconocimiento que nuestro paso por la vida merecía…, espera…, vuelvo a empezar porque me he ido por las ramas…, tal vez me he dejado llevar por esa escritura tuya, arrolladora, ¿sabes?, hay muy pocos escritores a los que haya tenido que leer como te he leído a ti, con tu propia letra, con esa caligrafía tan francesa, como a mí me gusta, ¿sabes?, he intentado imitarla pero no soy capaz…, espera…, me he vuelto a ir por las ramas, lo que yo quería decirte es que debe ser bonito saber que incluso muchos años después de tu muerte alguien se preocupa por rendirte homenaje a diario, he hablado con Agustín y me ha contado muchas cosas sobre ti, cosas que no estaban en el libro que llegó a mis manos por casualidad, fíjate, me lo regaló Júlia cuando dejé mi anterior trabajo y justo ella acababa de encontrar uno nuevo en una editorial donde diseñaron tu biografía, esta en la que se reproducen tus poemas y las fotografías de cuando volviste a Uruguay porque la enfermedad, las enfermedades más bien, te pesaban…, espera…, no puede ser…, la próxima vez que me distraiga con otra cosa párame, por favor, porque yo no quería hablarte de que fuiste profesora o de que amabas el campo, eso ya lo descubrirán los que nos espíen por ellos mismos cuando te vean en esas fotos sosteniendo flores, absolutamente tiernas… porque… debe ser bonito tener alguien que cuide de tu memoria, alguien que lo haga bien, respetuosamente, no me malinterpretes, no digo que Roberto Bolaño no te diera un lugar digno, *Amuleto*,

que estoy releyendo justo ahora, es una delicia de novela, juraría que me gusta más que *Los detectives salvajes*, pero espera, tú no estás muerta, está muerto Franco, tú no estás muerta, Alcira, porque me he tomado la libertad de venir contigo a mirar el mar…, pero…, pero…, pero espera, Alcira, que lo que yo quería decirte es que esa novela de Bolaño está muy bien porque te convierte en un amuleto, quizá te caricaturice a ratos o quizá no veamos más que tu reflejo entre sus páginas, pero Auxilio es la viva imagen de cuánto necesitamos a personajes libres, naturales, decididos y creativos como tú en este mundo… del que no te has ido…, tú no estás muerta…, interferencias…, *tu sais que j'ai traduit aussi quelques poèmes de Rimbaud?*, tú no estás muerta, otra cosa que tenemos en común, no estamos muertas, Alcira…, pero lo que quería yo decirte todo este rato es que he hablado con tu sobrino nieto, Agustín, y después de mucho preguntarle e intercambiarnos *likes* en Instagram, porque te lo digo de verdad, que llevo varios meses subiendo fotos de tu libro todo el rato…, decía que cuando hablé con él le hice en realidad la única pregunta que a mí me apetecía que respondiera, que no tenía que ver con lo que a mí supuestamente me debería apetecer hablar, que es de cómo una figura como la tuya rompe y resquebraja la idea de que una mujer, en literatura, solo puede ser madre o musa…, no, evidentemente le pregunté sobre eso, pero la mejor pregunta y más sencilla fue una sobre qué verso tuyo elegiría, y entonces me sentí genial porque su respuesta me enamoró y me dejó segura, muy segura, de que tú no estás muerta, no estás muerta, Alcira, ¿sabes qué versos tuyos escogió tu nieto?, esos tan perfectos que dicen «si quieres oír mi voz, vamos al campo de espigas, allí las flores son soles y son soles las espinas».

Tuya,
    Luna.

06

Han desvelado el mayor secreto de Aurora Bernárdez

> «El que se va deja su palabra;
> alguien la recoge de la página,
> se la lleva al oído,
> oye el mar.»
>
> Aurora Bernárdez

La libertad de escribir sabiendo que nadie va a leerte

En la única pero extensa entrevista que concedió Aurora Bernárdez en toda su vida, el gran tema de conversación que sobrevuela sus más de setenta páginas de transcripción es el de la obra literaria que produjo su compañero sentimental. Bajo el titular de «Nunca me fue mal», lo que se intuye de la personalidad de Bernárdez en ese texto es una bondad, una serenidad y una inteligencia desbordantes. La que es considerada una de las mayores traductoras literarias de Argentina —por sus manos pasaron las obras de Vladimir Nabokov, Albert Camus, William Faulkner, Henri Michaux, Ray Bradbury o Gustave Flaubert, y su labor fue constantemente recomendada por Ricardo Piglia o Roberto Bolaño— también fue un ejemplo de entrega absoluta a la creación literaria, como demuestra la citada entrevista o el volumen en el que esta apareció incluida en 2016: *El libro de Aurora*, su obra póstuma editada por Alfaguara. Con el subtítulo de «Textos, conversaciones y notas de Aurora Bernárdez», y con una faja de color verde en el que se lee en mayúsculas «La escritora secreta», lo que encontramos en esta antología es el trabajo silencioso y paciente de toda una vida. Porque de manera paralela a sus traducciones de grandes autores europeos y estadounidenses, Bernárdez iba llenando cuadernos de notas vitales, de poemas trabajados una y otra vez y de cuentos breves a los que se entregó sin prisa y con la pureza de quien escribe sabiendo que nadie le leerá nunca. «Creo que siempre tuve una vocación de oscuridad y de secreto», escribe ella en uno de esos cuadernos de sus últimos años de vida. Y añade: «Lo único importante que me queda por vivir es la muerte».

Una escritora que no quería serlo

Aurora Bernárdez, sin embargo, tuvo que esperar noventa y cuatro años para conocer la muerte. Durante todo ese tiempo, lo que sí conoció a la perfección fue la literatura. Y, sobre todo, la que escribieron los otros y que ella guardó y mimó como si fuera suya: la de los escritores ya mencionados a quienes trasladó y versionó a su lengua materna, la de su hermano mayor, un célebre poeta argentino, y la de su marido, a quien leyó, aconsejó, corrigió y apoyó durante los casi treinta años que permanecieron juntos. De hecho, en una entrevista a Mario Vargas Llosa realizada por las investigadoras Mónica Carbajosa y Montse Mena e incluida en la revista *Hispamérica*, el nobel peruano llegó a insistir en que sin Bernárdez, su esposo no habría llegado a ser el escritor que fue. Para Vargas Llosa, la traductora le concedió «algo maravilloso» al escritor «precisamente en su época más creativa». Y añade: «Bastaba verlos simplemente para ver esa complicidad intelectual extraordinaria que había entre los dos [...]. Creo que en el momento en el que él se separa de Aurora, su obra cae mucho, muchísimo, realmente es una obra que pierde mucho misterio, se vuelve muy premeditada, pierde espontaneidad, yo creo que todo eso en gran parte lo creaba la personalidad de Aurora». Carbajosa y Mena son, probablemente, las mayores expertas en Aurora Bernárdez. Sus investigaciones les han llevado a entrevistar a distintas personalidades de las letras que trataron con la pareja y que formaron parte del círculo más íntimo de Bernárdez. En el mismo artículo de *Hispamérica*, cuentan de qué manera se mantenía al margen. Su obsesión por pasar desapercibida, por echarse a un lado e incluso por aceptar el opacamiento al que, como algunos recuerdan, fue sometida. Más allá del poderoso núcleo familiar que había creado, y tal y como señalan Carbajosa y Mena, la traductora también fue amiga de otros escritores, como el propio Mario Vargas Llosa, Octavio Paz, Gabriel García Márquez, Oliverio Girondo o incluso José Ángel Valente. En opinión de las investigadoras, esto le hizo «tener el privilegio de pertenecer, a su manera, a la generación del *boom*, a la más brillante del continente, en un papel útil e inspirador».

Conociendo esta parte de su biografía —sus fuertes amistades masculinas de la época y su escrupuloso trabajo como traductora principalmente de hombres— resulta todavía más curioso adentrarse en *El libro de Aurora* y apenas encontrar en él un ápice de la feminidad que solemos asociar a la literatura hecha por algunas de sus compañeras de generación —la pregunta por el cuerpo, en esencia, muy propia de compatriotas argentinas como Alejandra Pizarnik, Olga Orozco, Glauce Baldovin o Susana Thénon—. Todo lo contrario. En eso, Bernárdez también iba a la contra. Los rasgos más femeninos de su obra quizá se intuyan en el pudor y en la libertad de saberse secreta. En la convicción de que probablemente a ella jamás nadie la leyera, porque ¿quién iba a querer leerla? ¿A quién iban a importarle esos poemas de contemplación, esas notas sobre el paso del tiempo, esas escrituras al margen de la gran literatura que hacían sus colegas?

Otra vez lo del marido

De entre todos esos poemas tranquilos —casi *zen*, casi fugaces— hay uno que llama especialmente la atención y es ese que se titula «Aquí estoy bien». Escribe Bernárdez en 2006 que: «Aquí estoy bien. / Puedo decir que estoy bien en cualquier lado, / en todas partes me acomodo, me instalo, casi / la maraña de casas, de gentes, de jardines, / me fascina, me halaga, me protege. / Y soy una extranjera en todas partes, y todo me es ajeno. / Algo ha quedado en mí, un núcleo oscuro, / confusión, la caída. El desconcierto. / Es así, no me quejo. / Me pregunto». Y si llama la atención es porque, al igual que la única entrevista que Aurora Bernárdez concedió en toda su vida, parece que la traductora y escritora quisiera pasar de puntillas por todas las cosas, como un diente de león que al soplarlo se deshoja y se pierde en el aire leve.

«Aquí estoy bien», escribe.

«Nunca me fue mal», declara.

«Tuve la vocación de la oscuridad y del secreto», insiste.

Tanta vocación de secreto que parecía detestar los detalles íntimos. Esos, probablemente, no tenían nada que ver con lo que ella quería mostrar del mundo. Por eso cuando quien tuvo la fortuna de entrevistarla en París en 2007 le hizo una pregunta a propósito de la primera vez que quedó con quien luego sería su esposo —«¿de qué hablaron entonces?», interroga Philippe Fénelon— ella respondió con gracia y dulzura que «de literatura, ¿de qué íbamos a hablar?». Pero prosiguió: «De literatura, de viajes, de gente conocida… Charlamos y seguimos en contacto. En un momento dado me propuso ser su socia en la agencia Havas de traducciones técnicas y documentos, trabajo que rechacé porque la idea de traducir contratos y patentes me era realmente ajena, consideraba que no estaba en condiciones. Ese fue el primer proyecto en conjunto, el primero y el único en realidad. Después cada uno siguió traduciendo por su lado».

(El hombre del que hablaba, por cierto, y aunque a estas alturas ya no importe mucho, era Julio Cortázar).

ANEXO

Carta a Aurora Bernárdez.
(O bien: Perdóname que insista en lo del marido)

Querida Aurora:
Igual que la publicidad nos ha hecho creer que una chica no puede salir de casa sin su bolso —y por lo tanto sin su pintalabios, su iPhone de funda purpurinesca o esas toallitas con olor a rosa mosqueta que sirven para fingir que nuestro perineo huele a rosas incluso si tenemos la regla—, las editoriales y la prensa cultural nos han dado a entender que buena parte de las escritoras no podéis existir sin vuestro marido. Como si se tratara del mejor de los complementos posibles de la temporada, basta con consultar algunas de vuestras biografías para vislumbrar en la primera línea de las mismas el nombre de vuestros compañeros de vida. Según la gran parte de los textos biográficos que acompañan a vuestras obras, tu nombre no existiría sin el de Julio Cortázar, igual que el de Elena Garro no existiría sin el de Octavio Paz, o el de Silvina Ocampo sin el de Adolfo Bioy Casares, o el de Carmen Martín Gaite sin el de Rafael Sánchez Ferlosio —es más, hace poco mi amiga Elena Medel, durante su investigación para su proyecto *Cien de cien*, compartía unos recortes de prensa donde la recién galardonada con el decimocuarto Premio Nadal admitía que las tareas del hogar no le dejaban tiempo para escribir, ese mismo hogar que compartía con el autor de *El Jarama,* quien al parecer sí disponía de ese tiempito, el tío—, o el de Concha Méndez sin Manuel Altolaguirre, o el de Norah Lange sin Oliverio Girondo y así hasta la saciedad. Y tú podrías decirme ahora: «Querida Luna, ¿y qué pasa? ¡Con lo que a nosotras nos gustaba que nuestros compañeros formaran parte de nuestra literatura y viceversa!». Y tal vez eso que me recriminas sea muy cierto, porque a mí me

encanta escribir a cuatro manos con mi marido, aunque no por ello deseo que su existencia se asocie a mí como la única condición de mi escritura. Y tú podrás contestarme de vuelta con un «Pues claro, querida Luna, ¿a quién se le ocurriría reducirnos a una mera compañía?». Y yo volvería a contestarte que joder, Aurora, tienes razón, pero yo he aprendido a desconfiar de todas las cosas, especialmente de aquellas que tienen que ver con esa mirada que os machaca y os silencia, esa mirada en forma de bello esposo, porque no quiero que su silueta pese más en nosotras que la nuestra en ellos, ¿me explico, Aurora? Y tal vez tú me dirías que claro que me explico, pero reiterarías en tu humor y en tu gentileza y asegurarías que tú no necesitas que las biografías de Julio Cortázar incluyan tu nombre y tal vez sea cierto, y tal vez sea tu voluntad, y tal vez yo no pueda decir mucho más ante la expresión de tal voluntad, incluso si muy dentro de mí deseo lo contrario.

Tuya, y temblando por si te hubiera faltado el respeto con esta liosa reflexión,
    Luna.

07

Cuando dicen «ah, sí, claro, era una mujer adelantada a su tiempo» se refieren a que nadie supo nunca cómo asumir la fortaleza y la genialidad de Gabriela Mistral

«Volviendo, pues, a la organización de las mujeres, este es el primer paso: organizarse para conocerse.»

GABRIELA MISTRAL

Presentes pero ausentes

Tanto en el prólogo de Lina Meruane a la antología *Las renegadas* (Lumen) como en el de Diego del Pozo a la selección de ensayos, artículos y textos políticos *Por la Humanidad Futura* (La Pollera Ediciones) se conviene en que lo más sorprendente de releer a Gabriela Mistral en el siglo XXI es darse cuenta del modo en el que su obra ha sido infantilizada hasta la saciedad. Que la primera y única mujer latinoamericana en recibir el Premio Nobel de Literatura haya sido reducida esencialmente por la academia a una escritora de libro de texto dice mucho no solo de qué clase de reconocimiento recibió en vida —con una existencia minada de dificultades que se detallarán más adelante— sino, sobre todo, después de muerta. Tal y como advierte Meruane, a ojos de varias generaciones de estudiantes y lectores chilenos Mistral era la impuesta por la dictadura: la autora amorosa, la facilona, una escritora llena de rimas que los niños aprendían de memoria y que los adolescentes detestaban por cursis. Recordar a Mistral era regresar a los momentos más polvorosos de la niñez, y a esa obra que a fuerza de ser denostada terminó por infantilizarse, convirtiendo a una de las primeras grandes autoras del feminismo latinoamericano en una lectura solo apta para cerebros aún en formación.

En palabras de Meruane: «Era *otra* la Mistral que me mostró la maestra que acababa de retornar a Chile. Eran *otros* los versos que puso en mis manos, encubiertos, en fotocopias, versos que sacudirían para siempre mi limitada noción acerca de lo que creaba y creía Gabriela Mistral. En esos años sombríos la quinceañera que fui yo solo había encontrado los ruegos y las rondas lastimeras de la maestrita rural, los sonetos de la enamorada en duelo por el novio suicida, los versos que pedían un hijo que no llegaba a parir. Los poemas de la devota. Los de la mujer privada. Eso era lo que ofrecían los manuales de castellano en la dictadura, pero ante mis ojos había ahora una poesía insurrecta que parecía escrita por *otra*».

Pero la chilena no es la única escritora del siglo xx cuya obra se ha manchado de tales contradicciones. Si bien una poeta como Gloria Fuertes era de las pocas voces femeninas que se estudiaban en los libros de texto de los colegios españoles, también es cierto que la recepción de su obra, más allá de lo escolar, fue durante mucho tiempo casi secreta. Solo hay que fijarse en la enorme diferencia entre la recepción de obras como la de Juan Ramón Jiménez y la de Gloria Fuertes para entender esta injusticia. Mientras el primero pobló muchas infancias con *Platero y yo*, la segunda lo hizo con diversos cuentos como el de *Piopío Lope, el pollito miope*. El problema es que el autor de *Platero*, reconocido por la Academia Sueca al igual que Mistral, siempre ha gozado de una muy buena salud en el canon literario español y que la creadora del pollito miope tuvo que esperar a llevar muerta muchos años para que por el centenario de su nacimiento las editoriales españolas se atrevieran a dignificar la totalidad de su obra, irónicamente señalada «para mayores» en las fajas de las nuevas obras completas. Anteriormente su poesía «adulta» se podía encontrar en ediciones académicas y en colecciones dispersas a las que pocas veces se trataba con el respeto y la atención que recibían las obras de sus compañeros de generación —si es que acaso la incluían como parte de alguna—.

Lo que escribió Paloma Porpetta en la antología que Reservoir Books publicó por su centenario, representa muy bien ese sentimiento que Lina Meruane asociaba a la Nobel chilena: «Gloria

Fuertes... conocemos a la poeta. ¿La conocemos? Cuando mencionas todos recuerdan a Gloria de cuando la tele era en blanco y negro y solo teníamos dos canales. Poeta. Con cuentos y poesías para niños. Entraba en nuestras casas con su forma tan peculiar de recitar, con sus rimas y sus chistes, con su voz inconfundible que, a veces, hasta daba miedo».

Con la otra gran obra publicada en el aniversario de Fuertes, esta en edición de Jorge de Cascante para Blackie Books, se creó mucho revuelo después de que Javier Marías asegurara en su columna de *El País Semanal* que lamentaba el jaleo con la madrileña, pues le llevaba «a desconfiar de las reivindicaciones y redescubrimientos feministas de hoy, que acabarán por hacerle más daño que beneficio al arte hecho por mujeres». No contento con insultar a Fuertes, el columnista pidió a los lectores que abandonaran su lectura e hicieran caso a otra lista de mujeres que él mismo había recomendado. El rechazo que la poeta sufrió en vida, del que Jorge de Cascante habló a la prensa en los días de promoción de la compilación, seguía, por desgracia, rabiosamente presente en las palabras del autor de *Todas las almas*. Cascante explicó en algunas entrevistas que Fuertes era una especie de Emily Dickinson, incomprendida «pero más chula» y castiza, cuya literatura fue degradada «primero por ser mujer [y abiertamente lesbiana], después por su clase social [hija de Lavapiés] y finalmente por su fama [como autora de cuentos para niños]». Por suerte, a casi tres años de las reediciones de su obra, esta antología de *Poemas y vida* sigue colándose entre las listas de más vendidos de poesía de España. Lo que demuestra que ahí fuera sí había una masa de lectores que la necesitaban, a pesar de que el arte de quien tantas veces fue llamada «mujer adelantada a su tiempo» se nos hubiera confiscado.

Evidentemente los casos de Gabriela Mistral y Gloria Fuertes no pueden ser más distintos. Más allá de su lengua materna y de este hecho concreto, no compartieron generación, ni geografía, ni puede adivinarse en sus literaturas un estilo común. Pero a pesar de que Mistral haya tenido siempre un reconocimiento más amplio a nivel internacional, también ha ocurrido que hasta el siglo XXI tanto su prosa como su ensayo, fundamentales según sus estudiosos para entender el alcance de su obra, fueron tan menospreciados como la llamada poesía «adulta» de Fuertes en España. Tal y como adelantan los investigadores Lorena Figueroa, Keiko Silva y Patricia Vargas, «Gabriela Mistral no fue solo la adolorida mujer de *Desolación*. En ella se encuentra un pensamiento social vigoroso y riquísimo para Chile y la América del Sur. Los importantes esfuerzos que día a día se hacen por recopilar sus escritos necesitan al mismo tiempo ser objeto de estudio y de investigación. Y de conocimiento sencillo del mayor número de personas. Especialmente se hace necesario conocer su prosa, que fue "muchas veces su más penetrante poesía", como dijera Pablo Neruda».

Adelantadas a su tiempo

Así, merece la pena recuperar otras de las reflexiones que Figueroa, Silva y Vargas incluyeron en la introducción de *Tierra, indio, mujer. Pensamiento social de Gabriela Mistral*. Aunque su premisa se introduce de manera muy parecida a la de Lina Meruane, al final también plantea la más importante de las preguntas sobre su legado: «¿Quién no leyó alguna vez los versos de Gabriela Mistral? ¿Cuántas veces no tuvimos que recitar algún poema suyo en un acto escolar? Nadie se escapó de repetir a coro en la sala de clases «piececitos de niño, azulosos de frío» o «yo no quiero que a mi niña me la vayan a hacer reina»... Todos, sin excepción entramos al mundo de Gabriela a través de sus poemas y versos, colmados de infancia, rondas y juegos. Crecimos escuchando que Gabriela Mistral nos legó los mejores poemas y los versos más bellos de nuestro país. Y así se nos fue quedando en la retina la imagen mítica de la madre universal, la maestra rural y abnegada, la magnífica escritora de sonrisa triste y carácter melancólico que no tuvo hijos. Nos quedamos con la idea de la profesora elquina que adoptó a los niños del mundo como si fueran suyos, dejando, por olvido o desconocimiento nuestro, su pensamiento crítico hecho prosa».

Efectivamente, lo que en adelante reivindican Figueroa, Silva y Vargas es el pensamiento de Mistral, esparcido por sus obras de prosa, su correspondencia con grandes escritores de América Latina y Europa, así como sus ensayos puramente políticos, las más de las veces incómodos, a propósito de la lengua, el feminismo, la raza o la clase. En 2015, Diego del Pozo hizo lo propio compilando para la editorial La Pollera una completa selección de textos críticos de la poeta: *Por la Humanidad Futura*. Esta antología reunió casi por primera vez sus preocupaciones por la educación —un tema de gran peso en su vida y en su obra, pues se ganó durante muchos años la vida como educadora infantil—, el feminismo —tenía una óptica muy estricta de la cuestión, era crítica con ese feminismo practicado solo desde las élites, definitivamente excluyente— y en cierto modo por las cuestiones de la actualidad política más urgentes tanto de Chile como del resto de países que visitaba para dar conferencias o participar en debates sobre estos mismos temas o sobre su literatura. Algunas notas para esas charlas y otros fragmentos íntimos de cuadernos y correspondencia de Mistral aparecen en *Páginas (perdidas) de la vida mía*. Jaime Quezada los recopiló para la editorial Mago en 2015, coincidiendo casualmente su aparición con la de la antología política de Diego del Pozo. Y en ambos libros encontramos de nuevo a la Mistral escolar, a la maestra, pero no a aquella que deleitaba a los niños, sino más bien a una que encontraba su motor en ellos, en las mentes del futuro, en las que estaban aún a tiempo de mejorar el presente aprendiendo de los errores del pasado. Del Pozo lo explica así hacia el final del prólogo: «El nombre de esta antología, *Por la Humanidad Futura*, proviene de un artículo escrito por Gabriela Mistral, que se encuentra en un libro escolar mexicano de la década del 30. El texto aquí integrado, así como el título representativo, fueron escogidos por dos razones: la primera porque es un llamado a identificarnos hoy con el mensaje de Gabriela Mistral, nosotros somos esa Humanidad Futura, la que probablemente no ha sido prudente en escuchar lo que se nos ha dicho en el transcurso de la historia, siendo este un intento por desplazar el horizonte de lo posible; la segunda es porque el texto está dirigido a las piedras angulares del progreso de una nación, me refiero a los profesores. Si queremos fundar bases sólidas para que la Humanidad Futura no cometa los mismos errores que hemos venido sistemáticamente perpetrando, debemos reconocer la labor fundamental de nuestros maestros, los que no solo se encargaban de enseñarnos dónde y por qué estamos sobre este planeta, sino que además, está en ellos la labor de convertir a esa Humanidad Futura en una turba de esclavos ciegos de su realidad, o en una asociación de hombres y de mujeres libres».

De acuerdo con Diego del Pozo, la urgencia de escuchar a nuestros maestros pasa también por la de escuchar a Gabriela Mistral. La ironía de encontrar ese peso a un texto como *Por la Humanidad Futura* reside también en que, bien mirado, podría tratarse de una llamada de socorro por parte de su autora. Mistral escribió y habló muchas veces del desprecio al que le sometió la sociedad chilena durante casi toda su vida. Como recuerdan María José Ferrada y Daniela Schütte en *Gabriela Mistral. Vida y pensamiento explicado para grandes y chicos*, la nobel no reparó en señalar su desagrado con esta situación, llegando a escribir que «cosas muy malas han dicho de mí en el país que Dios me dio por patria. A ciertos compatriotas solo les falta atribuirme un asesinato». Por eso mismo es comprensible la insistencia de Mistral en dirigirse al Futuro, en hablar y escribir para «las renegadas», en acogerse a los desatendidos y a los incomprendidos. Tantas veces se refirieron a ella como una «mujer adelantada a su tiempo» que tal vez acabó por asumir que la que vivió no era su época. Porque ¿qué significa en literatura o en la vida ser «una mujer adelantada a su tiempo»? ¿Que hoy no merece nuestra atención? ¿Que mañana su pensamiento habrá quedado obsoleto? ¿Y a qué esa insistencia en catalogar a grandes mujeres en ese cliché? ¿Podríamos dejar de desterrar de su propia patria, lengua y época a las artistas que revolucionan su patria, lengua y época?

Qué descorazonador, en este contexto de soledad, releer el que quizá se haya vuelto su poema más célebre para una nueva ola de lectores de su poesía. Ese que dice que «Todas íbamos a ser reinas / [...] Lo decíamos embriagadas / y lo tuvimos por verdad, / queríamos ser todas reinas / y llegaríamos a la mar».

ANEXO

Carta a Gabriela Mistral.
(O bien: Oda a la abuela)

Querida Gabriela:
   Tengo algo que confesarte. Llegada a este punto que es casi el ecuador de mi evocación a «las perras», empiezo a sentir un dolor punzante en el estómago. Llegué a pensar que se trataba solo de pena, pero también podría ser arrepentimiento. Verás, te lo cuento a ti porque sé que vas a entenderlo mejor que ninguna. Porque sé que tú has sido maestra para niñas como yo, que aún estamos aprendiendo tantas cosas que no logramos entender. Es una anécdota íntima y te ruego que la escuches unos minutos, porque además apareces en ella.
   Hace unos días estuve en casa de mi abuela —la abuela Chus— y le enseñé lo que llevaba escrito sobre Elena Garro, Rosario Ferré y Pita Amor. Sentí respeto y dolor cuando me contó que ella, en sus clases, apenas había enseñado literatura latinoamericana escrita por mujeres. La abuela Chus, por cierto, fue como tú profesora, aunque de «niños grandes». Durante varias décadas viajó pisando institutos de Cataluña, Extremadura y Madrid, con sus cinco hijos pequeños acompañándola —uno de ellos mi padre, a su vez profesor de literatura algunos años más tarde— y explicando a sus escritores preferidos, que casi siempre fueron hombres. Abrir los armarios en los que esconde sus libros —esto me parece muy curioso, tiene centenares de ellos, pero en vez de enseñarlos y presumir de ellos como hago yo en casa, ella los guarda todos bajo llave en su pasillo— es encontrar baldas llenas de literatura hispana, en su mayoría del siglo XX y masculina. No sé qué pensará Chus de mi insistencia en escribir sobre feminismo y en desentrañar algunos de los episodios que han marcado a la

literatura machista. Nunca se lo he preguntado, como nunca le había preguntado, hasta mis veintisiete años —¡veintisiete años sin hablar con ella de todo esto, joder, que hablamos por teléfono todas las semanas!—, cómo empezó a leer, a interesarse por la literatura o cuándo descubrió que ella iba a ser profesora de letras. Supongo que ya imaginas por dónde voy, Gabriela. Qué dolor de barriga ante esa hipocresía mía que me hizo brevemente dudar del compromiso como lectora de mi abuela. Ella, que había estudiado rodeada de hombres. Ella, que había conocido a Jorge Luis Borges o a Dámaso Alonso entre las aulas de la Complutense sin haber alardeado de ello en ningún momento como habría hecho cualquier otra persona, incluyéndome a mí misma. Ella, que ha dedicado su vida a crear lectores, incluyéndome de nuevo yo en esa categoría. ¿Qué compromiso feminista iba a atreverme a reprocharle? ¿No había hecho ella ya suficiente poniendo la primera piedra de una cadena que nos llevaría hasta el día de hoy? ¿Hasta esta carta que te escribo gracias al sudor de la frente de la abuela Chus?

Cuando le enseñé mis textos sobre Elena Garro, Rosario Ferré y Pita Amor, además de señalarme unas cuantas erratas, Chus me dijo que a ti te había leído mucho. Después de un rato rebuscando en su armario secreto de los libros, me sacó una edición de los años setenta de *Confieso que he vivido*, de tu compatriota Pablo Neruda, y me señaló las partes en las que el poeta hablaba de ti. Escéptica, me asomé a ese libro que yo nunca había leído, pero del que sabía que contiene un fragmento donde Neruda narra una violación que cometió en su juventud. Seguí las recomendaciones de mi abuela y dejé que el poeta al que suelo llamar violador me enseñara cosas de ti que no conocía, aprendí que fue uno de tus mayores defensores. Muy a pesar de mí, Neruda me fue útil. Aunque quiero creer que en verdad lo único que me había sido útil fue el cariño con el que Chus quiso ayudarme en la redacción de este capítulo que llevaba meses aquí atragantado.

Todo esto me llevó a darme cuenta de que no podía seguir intentando reivindicar públicamente a escritoras como vosotras sin hacer lo propio con las mujeres gracias a las cuales yo escribo —o respiro—. Me gustó que en este cúmulo de sentimientos hacia mi abuela y mi árbol genealógico apareciera esta cita tuya de *Vivir y escribir*, en la que también homenajeas a tu propia abuela, y destaca el modo en el que gracias a ella desarrollaste tu pasión por la musicalidad de la poesía: «Mi abuela estaba sentada en un sillón rígido y yo me sentaba en una banqueta de mimbre. Ella me alargaba su Biblia, muy vieja y muy ajada, y me pedía que le leyera. Siempre me la entregaba abierta en el mismo sitio, en los Salmos de David. Durante años leí y releí aquellos versos maravillosos, aquellos poemas de vigorosa sonoridad y honda profundidad poética. Al comienzo, sin entender lo que decían, repitiendo como un loro balbuceante; después, sintiendo infiltrarse en mi espíritu la poderosa cadencia y fuerza de aquellos símbolos».

Gabriela, me gustaría despedirme de ti contándote algo que quizá te haga ilusión y que te une al presente que habito no solo a través de esta pequeña anécdota. Quiero que sepas que la literatura española más reciente parece haberse puesto de acuerdo en la reivindicación de la figura de la abuela no solo desde la poesía, sino también desde el ensayo o la narrativa. Pienso, claro, en *Tierra de mujeres*, de María Sánchez; en las novelas *Vozdevieja*, de Elisa Victoria, y *Listas, guapas, limpias*, de Anna Pacheco; o en los poemarios *Edad*, de Rodrigo G. Marina y *Los días hábiles*, de Carlos Catena Cózar. En todos esos textos la figura de la abuela es una ausencia y una presencia al mismo tiempo. En todos, hay un deseo de demostrar cuantísimo nos hemos equivocado los nietos en renegar de nuestras maestras de sangre, y qué injustos hemos sido al pensar que sus cuidados o sus ideas no han sido importantes en nuestro desarrollo no solo como escritores, sino como simples seres humanos. Tal vez, Gabriela, hayamos hecho con nuestras abuelas lo que yo digo que el sistema literario machista ha hecho contigo: convertirlas en «mujeres adelantadas a su tiempo», esto es, incomprendidas, cansadas, expectantes, enamoradas a cambio de poco, aspirantes a reinas, pero a la fuerza destronadas.

Tuya,
Luna.

08

Para enterrar al escritor macho (un intermedio)

*«Como yo no tengo un fusil,
lo que puedo hacer para combatir la autoridad
es atacar el canon cuando escribo.»*

Cristina Morales
(durante el Hay Festival de Cartagena
de Indias, enero de 2019)

¿Qué es un escritor macho?
¡Y tú me lo preguntas!

Le pregunté por la representación de la masculinidad en su libro, y me dijo que lo hacía «para provocarle». Aunque en un primer momento me reí —pensaba, de verdad, que aquella respuesta solo podía ser una broma, una manera de decir que así es como reaccionaría un escritor macho— el resto de sus evasivas me confirmaron que no, que aquella charla iba en serio, y que el devenir de nuestra mesa de debate sobre un libro protagonizado por dos hombres perdidos en el mar dejaría de ser amable en ese mismo punto, o al menos dejaría de serlo para mí. Porque, cuidado, yo no tengo nada en contra de un libro carente de figuras femeninas —será que la historia de la literatura no nos haya dado ya muchos de esos—. Ni nada en contra de un escritor que opte por contar su angustia y su verdad desde lo más íntimo, como hizo el hombre que tenía a mi lado en el escenario del Santa Clara, en el Hay Festival de Cartagena de Indias, hace tan solo unos meses. Lo que sí detesto es la posición altiva, paternalista y burlona de quien no solo no es capaz de reflexionar sobre su propia obra carente de figuras femeninas, sino, lo que es peor, la de quien insulta a su interlocutor en un contexto cómodo y festivo «porque yo no he venido aquí a hablar de eso».

Eso.

Hablar de *eso*.

Qué demonios significa ha-blar-de-*e-so*.

Reconozco que al regresar al hotel de la ciudad caribeña se me escaparon unas cuantas lágrimas. Estaba tan sorprendida por lo que acababa de ocurrir que sentí impotencia. Quizá la culpa fuese mía, pensé, ¿me tenía que haber olvidado de mi feminismo para presentar a este escritor? ¿Acaso era verdad que de nosotras, las periodistas, escritoras, moderadoras, como quiera llamársenos, solo se nos exige reflexionar sobre géneros cuando estamos hablando de nosotras mismas? ¿O cómo era posible que uno de los autores contemporáneos a los que más respeto por su mirada lúcida sobre los conflictos políticos que asolan nuestro mundo se olvidara tan fácilmente del gran motivo que este año vertebraba el festival?

Eso.

Hablar de *eso*.

No entiendo otra manera de luchar hoy que no sea a través de *eso*. Porque *eso*, precisamente, es solo el primer paso para cuestionar nuestro presente. Porque *eso* es lo que nos atraviesa a todos. Porque *eso* no debería incomodarnos, a no ser que reconozcamos que somos parte del problema.

Y de verdad lo somos.

Yo lo aprendí unas horas más tarde, después de dormir poco y mal pensando en lo ocurrido, cuando la escritora colombiana Carolina Sanín se arrimó hombro con hombro a la española Cristina Morales y juntas dieron una interesante conferencia sobre la necesidad de acabar con el escritor macho. Para Sanín, el gran mal de la literatura es que durante siglos se ha estado venerando a un solo tipo de autor, con un solo tipo de mentalidad y con un egoísmo que lo inundaba todo. La autora de *Somos luces abismales* bromeó con la idea de que el escritor macho colombiano es aquel que por su ausencia de creatividad e interés verdadero por la literatura prefiere malgastar sus horas frente a los espectadores compartiendo anécdotas sobre cuando conoció a Gabriel García Márquez.

Sanín arremetió contra la anécdota o, mejor dicho, contra la anécdota macho: esa que supuestamente es universal y supuestamente debería interesarnos a todos, aunque en verdad sea estéril.

Tras el trauma con mi escritor macho particular, las voces de Sanín y Morales me calmaron, me hicieron sentir compañía. De la autora de *Lectura fácil* había anotado una frase: «Como yo no tengo un fusil, lo que puedo hacer para combatir la autoridad es atacar el canon cuando escribo».

¿Que no queríais venir a hablar de eso?, pensé entonces.

Pues ahora os vais a hartar.

No tengo las estadísticas a mano, pero intuyo que la presencia femenina de la edición de 2019 de uno de los festivales de literatura más importantes del mundo superó con creces a la de otros años. No hablo solo de Chimamanda Ngozi Adichie o Zadie Smith, las dos escritoras que protagonizaban el cartel. Tampoco hablo de la presencia femenina como mero acontecimiento pasajero o como moda, sino como un reconocimiento al trabajo que periodistas, novelistas y editoras muy importantes vienen haciendo en América Latina durante décadas: las enormes Diamela Eltit, Tamara Kamenszain, Piedad Bonnett, Alma Guillermoprieto... u otras más jóvenes como Ingrid Bejerman, Dulce María Ramos o Nadia del Carmen Morales Morales, por nombrar a algunas. Me fijé mucho en las mesas redondas protagonizadas por ellas, pero también en el modo en el que hablaban y debatían en las que aún sus nombres parecían anecdóticos. Me fijé en los detalles, porque quería estar atenta cuando pasara lo que casi asumí con normalidad en mi primera conversación con el hombre del mar.

Al igual que Cristina Morales, yo tampoco tenía un fusil, pero sí una palabra con la que contároslo. Así que atendí. Atendí, y vi las alusiones al físico de algunas de las invitadas durante el acto —qué bien Paula Bonet rebelándose contra los que la llamaban bonita para deslegitimarla—, vi otra vez más la negativa a debatir sobre *eso* —cualquier cuestión de género, sexualidad, representación, identidad o violencia patriarcal—, e incluso escuché la lectura en voz alta de poetas macho cuyos textos trataban sobre lo bien que están las amantes jóvenes cuando tú eres ya un señor viejo, un tema muy interesante, sí, pero que allí mismo, así pronunciado sobre los escenarios caribeños, solo podía parecerse a una autoparodia de lo que Carolina Sanín ya avisó en su charla.

Hablando de parodias: pocas semanas antes del Hay de Cartagena, *El País* publicó la reflexión de un columnista sobre un festival ficticio en el que dos escritores consagrados se peleaban por quién tendría la mejor habitación del hotel en el que se estaban alojando. No sé si era la intención primera del autor, pero su metáfora del ego a través de un *jacuzzi* me pareció la mejor representación de hasta qué punto el escritor macho, tal y como lo conocíamos, debe desaparecer. Es vital que desaparezca. Porque si a un autor en 2019 le importa más el tamaño de su cama que la reflexión urgente sobre *eso*, significa que ya no tiene nada que decir.

Inevitablemente, me pregunto si alguna vez lo tuvo.

Y entonces llegó el #MeToo de los escritores

El escritor macho no es único en su especie, pero del resto de machos le diferencian tres cosas: su tendencia a definir tu aspecto físico con metáforas alambicadas, su capacidad para entender mejor que tú la literatura y el mundo en su esencia, y a veces, solo a veces, su manía de disculpar el comportamiento de algunos Escritores Macho Alfa, véanse Ted Hughes o Antonio Machado, véanse Pablo Neruda o J. D. Salinger, porque para ellos la persona y la obra no pueden ser la misma cosa. Sugerirlo es un error de lector novato. De esa clase de lector que parece fijarse más en el género de quien escribe que en lo escrito. De esa clase de puritano que antepone el maltrato de Hughes a su laureada poesía.

El escritor macho es, por lo tanto, un animal fiel a los suyos. Un animal de compadreo, que solo busca el conflicto cuando sospecha que otro escritor macho le puede quitar un premio, o que otro escritor macho le ha arrebatado la atención del editor macho al que los dos veneran.

Que en la vida no se puede tener todo lo sabe el escritor macho.

Pero que las féminas no forman parte de eso a lo que llama todo, también es su causa.

A las perras féminas —como sabéis bien que las bautizó nuestra querida Rosario Ferré en ese transgresor cuento donde desmantelaba ya en los años noventa las narrativas misóginas de los Escritores Macho Alfa Latinoamericanos— el escritor macho las considera de otro planeta. De otra galaxia. Una en la que, de acuerdo, ellas son libres de parlotear y de escribir sobre sus cositas manchadas de una subjetividad que no le interesará al macho salvo que pueda plagiarse, readaptarse o menospreciarse. Se ha visto en antologías, en fotos de grupo generacionales, en catálogos editoriales, en libros de texto: las perras féminas no pueden bajo ningún concepto pertenecer al mundo en el que *todo* es para él, porque además, ¡además!, el escritor macho tiene un peculiar don de la palabra que, como también sabéis, después de unos tragos se suele transformar en el don de la babosería.

Así pues, el escritor macho merodea por selvas y por bosques con su pelaje amable de intelectual. El escritor macho se alimenta de botellas de vino y de un cierto número de drogas que en la mayoría de los casos ni siquiera ha pagado él. El escritor macho copula como el mejor de los machos, es decir, sin el consentimiento de la fémina a la que cree haber cortejado. El escritor macho cree que aúlla, pero su quejido es penoso y torpe. El escritor macho es de una raza pura, necesaria, universal. Pero el escritor macho, por suerte para todos menos para él, se encuentra en estos momentos en peligro de extinción porque las que llevan siglos sufriéndole han empezado a darle caza.

Si podemos asegurar esto último es por lo que ocurrió en Twitter el 21 de marzo de 2019. Aquel día, decenas de mujeres de México comenzaron a recopilar historias de escritores de su país que desde hace décadas las han estado violentando, maltratando física o psicológicamente, insultando, robando, raptando o hasta violando. Bajo el *hashtag* #MeTooEscritoresMexicanos se abrió la puerta a muchas denuncias que ya eran secretos a voces dentro de la cultura mexicana, y más allá. Como reportaron durante los días posteriores al estallido en redes en algunos medios nacionales, todo surgió después de que durante la celebración del Día Mundial de la Poesía la periodista y activista Ana G. González denunciara públicamente los maltratos supuestamente cometidos por parte del poeta Herson Barona. A las palabras de González siguieron las de otras mujeres con historias similares sobre el poeta —de las cuales él se defendió en un comunicado— y sobre otros escritores y editores reconocidos internacionalmente. En los primeros días, los mensajes de preocupación y apoyo no cesaron. A la denuncia se sumaron las voces de Brenda Lozano, Valeria Luiselli, Aleida Belem Salazar o Cristina Rivera Garza. Todas ellas y más se posicionaron con un rotundo #YoTeCreo ante la avalancha de nombres de presuntos agresores del mundillo.

Parecía como si todo llevara años esperando saltar por los aires. Y, sin embargo, todo acababa de empezar. Según las implicadas en la cuenta @metooescritores —desde donde se visibilizó todo, y además contagió otras cuentas dedicadas al #metoo de músicos, profesores o académicos mexicanos— la cantidad de información y de experiencias desgarradoras fue hasta cierto punto inabarcable. Tras la avalancha, llegó la organización, y el 26 de marzo más de ochenta escritoras se reunieron para crear un manifiesto que marcaría la hoja de ruta en adelante. Reproduzco aquí sus palabras:

> Aquí estamos todas, hoy, Ciudad de México: lectoras, comunicadoras, escritoras, editoras, amigas. Mucho tiempo hemos estado cada una en nuestros propios espacios, solas. Hoy todas juntas estamos aquí, organizándonos. Algunas compañeras nos convocaron a venir para escribir colectivamente un manifiesto, sin embargo a todas nos convocó reconocernos humanas. Esto es lo que hoy nos pareció importante: hacer algo a partir de este encuentro, conocernos, no obviar los sentimientos. Hoy mejor me pregunto quién soy y qué me trajo aquí, qué me mueve. Nos traen aquí las violencias que todas hemos vivido: violencia económica, violaciones, agresores sexuales, abusadores, vivir con Dr. Jekyll y Mr. Hyde. Nos han traído aquí los embarazos sin responsabilidad, los encierros, las agresiones por correo. Estamos hartas del *qué mal pedo, ese güey es súper simpático*. Todas estas violencias se nos han acumulado. Hoy, nos mueve ver a tantas mujeres rotas. Nos da tristeza, nos da enojo. Queremos hacerle frente al miedo. Tampoco sabemos muy bien cómo ubicarnos en el mundo, no podemos más

con esta indignación, no somos mujeres rotas. Hoy recordamos también que todas las que estamos aquí hemos escapado de las violencias. Algunas de nosotras necesitamos empezar por lo pequeño, ir paso a paso, algunas otras hoy podemos decir abiertamente: es este. Queremos que se reconozcan los daños, que ellos tomen responsabilidad, sabemos que no somos las únicas. Juntas estamos tomando identidad, fuerza. Hoy queremos sanarnos, entendernos, reconstruirnos, dejar de sentirnos culpables e impotentes. Muchas de nosotras nos preguntamos: ¿qué hacer con las difamaciones?, ¿nos conocemos de verdad?, ¿y si él es mi pareja? Hoy queremos ver las herramientas que tenemos, queremos orientación legal, queremos acompañamiento psicosocial, queremos tener protocolos de seguridad claros para mujeres que han vivido violencia, queremos saber cómo actuar, armar esta comunidad apoyándonos, estar juntas en casos de agresiones. Hoy lo que queremos aquí es re-conocernos, vernos aunque nunca nos habíamos visto, reconocer que estamos juntas, poder juntas hacer algo útil, una organización en donde sintamos que todas podemos sostenernos, no tenemos que estar solas. Nunca más vamos a estar solas.

Malas feministas

El manifiesto de las mexicanas solo fue el comienzo de algo muy grande que todavía truena y que ha puesto en alerta a buena parte de los escritores macho. Son numerosos los artículos de cabeceras respetables en los que se pretende censurar las cuotas, en los que se insulta a movimientos feministas dentro del sector editorial, o en los que directamente se cuestiona la idea de que esa cosa llamada «machismo literario» exista realmente. A pesar de esta reacción, sí parece que se hayan incrementado las acciones para combatir no solo el abuso sexual en el mundo editorial, sino también la desigualdad flagrante en los catálogos, en los paneles de festivales literarios o en las páginas de crítica. Por un lado, publicaciones importantísimas en México como la de la revista *Tierra Adentro* están haciendo públicos comunicados en los que expresan su voluntad de perseguir las prácticas machistas que anteriormente eran permitidas en su seno. Por otro, la respuesta cada vez es más rápida cuando ante festivales como la Bienal de Novela Mario Vargas Llosa —celebrada en su última edición de 2019 en Guadalajara— decenas de escritores, periodistas y lectores se juntan para manifestar su rechazo ante la clarísima desigualdad de género entre los participantes. El revuelo mediático generado por la protesta de Guadalupe Nettel, Gabriela Wiener, Rosa Montero o Nona Fernández, entre muchas otras escritoras en lengua española, acabó invitando al premio Nobel a defenderse en su tribuna de *El País*. En un texto titulado «Nuevas inquisiciones», Mario Vargas Llosa aseguró que «el feminismo corre el peligro de pervertirse si opta por una línea fanática de la que hay, por desgracia, muchas manifestaciones recientes y reemplaza el afán de justicia con el resentimiento y la frustración». Y sobre el dichoso tema de las cuotas, añadió: «Nada sería tan ofensivo para las mujeres que ser invitadas a las conferencias como bultos o números». Tal vez el autor de *La ciudad y los perros* tenga razón y el feminismo deba ser una cosa que solo le agrade a él y no cuestione nunca sus actos. Tal vez también tenga muy claro que la presencia de hombres en un acto siempre se debe a su calidad y no al amiguismo. Tal vez Mario Vargas Llosa tenga la respuesta a qué es la calidad y, sobre todo, a quién la determina. A quién tiene el poder de decidir qué es bueno y qué no lo es. Curiosamente, hasta ahora ese poder de decisión ha recaído sobre unos pocos que, además de saberlo todo sobre literatura, conocían bien el arte del compadreo. Porque el escritor macho también es un perro listo. También sabe olisquearse el trasero con otros escritores en los que se apoyará a fin de que nada o poco cambie.

La ciudad y las perras

Por suerte, quienes hoy denuncian al escritor macho también son inteligentes. Y no van a dejar que la jauría machuna se salga con la suya. Y no van a dejar que vuelvan a ocultar sus actos.

Las perras ya van a ladrar muy alto.

Y van a ser escuchadas.

Desde Perú, la escritora María Belén Milla necesita que el ejemplo de la marabunta mexicana se replique en su país: «Lo necesitamos. No podremos sobrevivir por separado en esta sociedad misógina empeñada en golpearnos, violarnos, destruirnos. Estoy convencida de que la única manera de extirpar la violencia machista de nuestros países es uniendo este tipo de cadenas de denuncia y trayendo abajo a los intocables».

Desde Argentina, la traductora Denise Griffith recuerda un movimiento muy fuerte tras las denuncias contra el editor Damián Ríos: «Si bien María Florencia Ru fue la única que apareció en los medios por su testimonio de acoso sexual, varias personas contaron su experiencia en las redes. El caso comenzó en el grupo de Facebook "Escritorxs y trabajadorxs del libro en contra de la violencia machista" y luego un blog y dos periódicos grandes, *La Nación* y *Clarín*. Lo que se hizo fue, gracias a una petición colectiva, desvincular al editor de un concurso literario en el que era jurado. Muchxs escritorxs están aportando su testimonio en algunos espacios pero por ahora no hay otros casos conocidos».

Desde Ecuador, a través de un grupo similar al de las argentinas, la poeta y activista Yuliana Ortiz Ruano destaca la importancia de la sororidad en redes sociales: «En la plataforma *Mi primer acoso, no callamos más*, abierta en 2016, se denunciaron a muchos acosadores dentro del seno familiar, laboral, etc. Efectivamente, también a algunos escritores». A este respecto, Ortiz Ruano también cree que merece la pena hacer el esfuerzo de trasladar el #MeTooEscritores al resto de América Latina «porque muchas mujeres que escribimos hemos sido violentadas en festivales, recitales o espacios de literatura. En mi caso denuncié a través del escrache a un escritor, pero ahora yo tengo una denuncia encima por calumnia, es complejo abrir la boca, pero es necesario».

Desde Venezuela la periodista Dulce María Ramos también teme las consecuencias legales de este tipo de actos: «Es tan difícil hacer una denuncia pública… En un reportaje sobre acoso en la literatura no pedí a las entrevistadas que dieran nombres, ¿no? Porque qué pasa ahora: que tú puedes hacer la denuncia, tú puedes dar el nombre, pero entonces para la sociedad tú siempre vas a quedar mal y es él el que va a salir ganando». Ramos lo sabe porque lo ha vivido. Y aunque cree necesario encontrar los espacios para hablar, ahora mismo «nosotras siempre tenemos todo ese peso, ese riesgo de anular tu carrera profesional, de que te veten».

Finalmente, desde Colombia, la novelista Gloria Susana Esquivel cree que lo grande del movimiento mexicano es que, con todo, nos ha hecho perder el miedo a las represalias: «A mí me parece que así es como se debe denunciar, con nombre y con apellidos. Aquí se hizo conocida la historia de una periodista que denunció en una columna a un político que la había violado, pero en su texto lo trató simplemente de Él, de modo que la historia que podía haber cambiado para siempre la política del país al final solo se quedó en un chisme».

Pero el #MeTooEscritores no es ningún chisme.

De hecho, su influencia ha ido a más, despertando múltiples debates y generando titulares y entrevistas en las que muchas escritoras hablan sin miedo. Así que quién sabe si cada vez estemos más cerca de que el escritor macho se extinga allí. O allá. O acá. O donde quiera que estuviera descansando en paz con su pulgosa cola.

09

Agustina González, una escritora futurista, feminista y católica a la que sus sucios asesinos llamaban tortillera y puta

«La locura social consiste en que el señalado como loco está cuerdo, y que la sociedad en que vive no lo comprende y por lo mismo lo juzga mal.»

AGUSTINA GONZÁLEZ

Morir bajo las estrellas

Hay personas alrededor de las cuales se generan más historias, leyendas y canciones al referirnos a sus muertes que a aquello a lo que dedicaron sus vidas. Agustina González es uno de esos personajes, y no precisamente porque no tuviera una vida intensa, poderosa, excepcional, sino más bien porque su asesinato, como tantísimos otros durante la guerra civil española, acabó en un entierro sin nombre, en una leyenda apagada, en un cadáver oscuro, por el que pocos velaron, prácticamente hasta nuestros días. Tal vez en reconocimiento de esa vida oculta, merecería la pena recuperar su historia no ya de principio a fin, sino de muerte a vida, con la esperanza, tal vez, de que al terminar de leer sobre la escritora futurista más experimental y radical de la Generación del 27 tengamos la certeza de que ella está frente a nosotros, de algún modo latiendo, renacida.

Pero antes de renacer en forma de libro —me refiero a este *Clemencia a las estrellas*, publicado por la editorial Ménades en junio de 2019 y el único en el que puede leerse su producción literaria desde prácticamente el siglo pasado— Agustina González tuvo que morir casi de manera secreta. Sobre cómo se fue hay muchas especulaciones, pero todas nos llevan a un mismo lugar y a una misma arma. Como escribía Mar Gallego para *Pikara Magazine* en un artículo-homenaje a la escritora, en verano del año 1936 las fuerzas falangistas la condenaron a fusilamiento por transgresión. Gallego recupera un fragmento del libro *El asesinato de García Lorca*, donde se dice que el falangista Juan Luis Trescastro habría presumido de ser «uno de los que hemos sacado a García Lorca de la casa de los Rosales. Es que estábamos hartos ya de maricones en Granada. A él por maricón, y a la Zapatera por puta». La Zapatera, claro, es González. A quien llamaban así por pertenecer a una familia dedicada a ese oficio. Una familia muy célebre en su ciudad, Granada, en parte por sus zapatos, pero sobre todo porque la hija menor había conseguido, después de muchos años esforzándose por ser ella misma, abrirse paso como un personaje alocado, que en realidad no tenía nada de loco, pero que prefería vivir como una «demente» con tal de ser libre. Parte de esa «locura» que otros veían en ella se justificaba solo con cosas tales como que iba a cafés, vestía con traje, tenía amigos escritores —entre ellos el ya citado Federico García Lorca—, viajaba a Madrid, escribía libros raros y los vendía colocándolos en el escaparate de su zapatería, algo que muchos de los que le rodeaban no eran capaces de soportar, aunque con el tiempo ella ya hubiera aprendido a «acallar las voces que la criticaban a su paso».

Si para ser libre tenía que fingir locura, entonces Agustina González lo estaría de verdad. En *Justificación*, una especie de autobiografía publicada en 1927, la Zapatera ya habla de esta locura, refiriéndose a ella como locura social. En un capítulo de esas memorias que lleva ese mismo nombre, González escribe: «Esta locura es mucho más escasa, que la padecen contadas personas, quiero decirte. Esta locura se manifiesta en el error de los otros. Y esta locura la vengo yo padeciendo veintitrés años. Hace un rato, ¿verdad? Pues bien, voy a definírtela todo lo mejor que pueda, aunque me parece que la descripción va a salir perfecta, como vivida por mí día por día, y veintitrés años tienen ocho mil trescientos noventa y cinco días». En los siguientes fragmentos, la autora procede a narrar su infancia, y cómo su propia familia no entendía su pasión por la lectura, su interés por la política o su ambición para «salir por las noches». Agustina González era una vergüenza para los suyos, una que duró más años aún que los que ella relata. Tal vez, como ella señaló, «su locura» solo era producto de la ignorancia de los otros, de esa «vergüenza ajena» que provocaba en sus más cercanos y en los que no la conocían de nada pero la veían pasear por aquí y por allá, odiándola por ser distinta. En el prólogo de *Clemencia a las estrellas*, de hecho, se cuenta otra leyenda sobre su muerte que es también la confirmación de que Agustina González tenía una creatividad que la hacía diferente. Por un lado, se especifica que en un acto de rebeldía, antes de ser fusilada, se desabrochó la camisa para mostrar el pecho y que de esa manera, literalmente, «entraran mejor las balas». Por el otro, se dice que mientras los otros condenados pedían clemencia a Dios, ella habría mirado al cielo, suplicándosela a las estrellas. En definitiva, los motivos por los que los falangistas la asesinaron son exactamente los mismos por los que González fue una mujer excepcional: donde ellos veían transgresión, la realidad de la Zapatera mostraba ironía, inteligencia y belleza. Donde ellos veían a una «tortillera», la realidad mostraba a alguien que no se conformaba con aquello que se le exigía a su género. Donde ellos veían a una traidora, la realidad mostraba a una mujer preocupada por su pueblo —tanto que hasta se presentó a unas elecciones al Congreso, comprometida con el Partido Entero Humanista y bajo el lema de «Alimento y Paz»—. Donde ellos veían a una mala mujer, la realidad mostraba a una madre de tres hermosas vidas: sus tres libros, a los que con razón ella llamaba «hijos de su mente». Donde ellos veían a una desequilibrada, la realidad mostraba a una escritora incomprendida. Y esa escritora era la autora de *Idearium futurismo*, un texto en el que González hace estallar el lenguaje, hasta crear el suyo propio; de *Justificación*, una memoria que sirve a su vez de retrato de la vida intelectual en la Granada de la época; de *Las leyes secretas*, un ensayo sobre la espiritualidad —ella se consideraba católica y feminista— en el que también aborda —adelantándose a muchos en España— la reflexión sobre el género y el «alma *queer*».

Renacer en un improbable sueño futurista

Es interesante leer la obra completa de Agustina González porque sus tres libros se complementan temática y estilísticamente, con temas que van cruzándose entre capítulos de unos y otros, y que a menudo son premoniciones dolorosas de la vida de la autora. Los fascistas que se la arrebataron, por cierto, ni siquiera llegaron a dar parte de su muerte. Todavía hoy, en 2019, nada se sabe del paradero de sus restos y, como ocurrió con su amigo García Lorca, no hay lugar en el que su genio pueda honrarse. Quienes quieran recordar su vida, podrán pasearse por los pocos artículos que la recuerdan —la mayoría publicados en prensa local o en revistas especializadas en feminismo, como la citada *Pikara Magazine* o *La Gitana Digital*—, o por la antología *Clemencia a las estrellas*, que, con suerte, podría devolverle las páginas a la historia de la que fue arrancada. Precisamente leemos en una de las que escribió para *Las leyes secretas* —donde la autora filosofa sobre la vida y la muerte— que ella no creía exactamente en la desaparición del ser humano, sino más bien en la reencarnación. González dice que «vamos y venimos de unos mundos a otros, de los espacios y los cielos caemos de nuevo en los planetas que tienen seres vivientes, y allí en una matriz modelamos nuestro cuerpo y nacemos de nuevo; lo mismo que nacemos una vez (la presente), nacemos multitud de veces, al fin cansados de peregrinar por los mundos y espacios del universo, llegamos a desear la liberación del espíritu; entonces es cuando empezamos a amar a Dios sobre todas las cosas mudables o transformables, y como "querer es poder", llegamos a alcanzar la liberación o inmortalidad; uniendo la chispa divina, que alienta en el corazón del hombre, aquella gran hoguera de donde salió. Somos semejantes a la bola de mercurio que al estrellarse se multiplica en multitud de bolitas pequeñas; puesta en resbaladero, se reúne otra vez y vuelve a fundirse en una sola». Aunque solo sirva como anécdota, puede que a Agustina González le gustara saber que su reencarnación ha sido en parte cumplida. Que precisamente por no tener nicho o fecha exacta de defunción, el algoritmo de Wikipedia la sitúa todavía en el lado de los vivos: Agustina González López (Fecha de nacimiento: 1891. Edad: 128 años).

Será tal vez ese el primer paso hacia la eternidad que se merece.

Será quizá lo que rogó a las estrellas de Víznar antes de que el fascismo derribara su cuerpo.

Será su renacimiento.

O como escribió ella misma: «ai ke ablar d la kuestion».

En lugar de callar (una conversación con Gema Nieto, escritora y editora que rescató a la futurista del olvido)

—¿Cómo llega a ti la obra de Agustina González?

—Agustina era una escritora que yo ya conocía, o al menos había leído sobre ella, en relación con otras autoras de la Generación del 27 o que habían estado relacionadas con autores como Lorca (sabía, por ejemplo, que había sido ella quien le inspiró su personaje de *La zapatera prodigiosa*), y al indagar un poco en su vida, su personalidad fascinante me llevó a concluir que era necesario rescatar sus escritos y publicarlos.

—Hablas de las mujeres del 27, pero Agustina no suele ser una de las mujeres que más se mencionan cuando reivindicamos a autoras de la época. ¿Eso tendrá que ver con su pertenencia a la «periferia»? ¿Con su particular estilo? ¿O con su faceta política?

—Es fácil imaginar que este olvido obedece a la misma causa de siempre: el hecho de que la obra de las mujeres (y no solo literaria) no ha despertado nunca el mismo interés que la de sus colegas masculinos ni se ha situado nunca en el mismo nivel de estudio, valoración y reconocimiento. Es ahora cuando estamos asistiendo a un lento pero necesario proceso de descubrimiento y recuperación de todas estas mujeres escritoras que han permanecido ocultas durante siglos, pero que también dejaron constancia escrita de los mismos temas a los que los hombres se enfrentaron y que siempre hemos considerado propios de la literatura universal. Luego, el caso de Agustina es especial puesto que sus escritos podrían ser calificados como «no literarios», son más bien ensayos o reflexiones muy personales y propuestas aplicables a todos los ámbitos de la vida social y política: críticas a los políticos corruptos, llamadas al despertar de la conciencia de clase, alegatos en favor de la educación y la cultura, una concepción muy particular de la religión, casi panteísta…, además del testimonio en primera persona de una mujer que sufrió una injusta discriminación y un acoso machista del que aún no nos hemos librado.

—Sobre su discriminación, resulta descorazonadora la historia de cómo ella intentaba e intentaba leer cuando era una niña, pero su familia se lo impedía. ¿Pudo haber nacido ahí, en cierto modo, su lucha contra lo establecido?

—Sí, es especialmente sangrante leer esos episodios y ser testigos, como lectores, de esa represión a la que intentaron someterla y de la que, por suerte, salió fortalecida, ya que en lugar de callar y obedecer aprovechó sus circunstancias desfavorables para extraer de ellas la inspiración: decidió ordenar sus ideas por escrito con la intención de que sirvieran de ayuda y guía a quienes se interesaran por ellas. Yo creo que su lucha contra lo establecido viene no solo del distinto trato a hombres y mujeres que observaba en casa y en la calle, sino de una visión política y social mucho más amplia y que alcanzaba todo tipo de injusticias.

—Además su obra es muy moderna. Leerla me hace pensar en toda esa corriente tan actual de autobiografías y memorias precoces escritas por mujeres. ¿Otro acto de rebeldía por su parte?

—En su caso así lo parece, es cierto, ya que en su ensayo *Justificación*, que es el de mayor cariz autobiográfico, realmente lo que hace no es tanto «justificarse» a sí misma ni su comportamiento rebelde, sino yo diría que reafirmarse en él y explicar las razones que le han llevado a adoptarlo. Agustina González fue una mujer admirable y valiente, que actuaba y pensaba alejada de los prejuicios y los condicionantes de género que entonces (y aún ahora) se achacaban a las mujeres. Tenía un temperamento poco común en una mujer de la época, lo que hizo de ella una amenaza para las mentes más retrógradas. Se expuso a sí misma a través de la escritura, que para ella suponía también un alivio y un consuelo, y se enfrentó sin miedo a esas mentalidades que la insultaban contestando siempre que la razón la asistía y que lo que entonces muchos creían locura acabaría aceptándose con los años (como así ha sido, por ejemplo, con el matrimonio igualitario o muchas otras medidas sociales que imaginó). Es muy frustrante ver cómo la historia ha intentado sepultarla de una manera tan injusta.

—Feminista y con conciencia de clase. Me gustaría haber visto a Agustina González en un 2019. Me pregunto cuál sería su militancia, qué temas le preocuparían, e incluso si tuitearía públicamente sus reclamos.

—Estoy segura de que Agustina sería hoy una activista del feminismo, tanto en redes sociales como en otros medios. La imagino denunciando todas aquellas cosas que no calló con la misma contundencia pero con mucha más libertad, ya que su desgracia fue nacer en el siglo pasado y ser coetánea del fascismo que la asesinó. Tal vez uno de los temas que más le preocuparían actualmente sería la situación de las mujeres trabajadoras y el techo de cristal.

—Para ti, ¿qué ha supuesto el proceso de publicar un «tesoro» olvidado como este?

—En Ménades dimos con ella un poco de la misma manera y a través del mismo proceso que hemos seguido con todas nuestras autoras de la línea Olvidadas: rebuscando e indagando en listados, colecciones o antologías para encontrar voces desconocidas o historias interesantes que nunca han sido publicadas en nuestro país. En el caso concreto de Agustina, desde que comencé a investigar un poco más sobre ella sentí la necesidad absoluta de hacerle justicia a una mujer tan valiente que defendió sus ideas hasta las últimas consecuencias y que fue asesinada por los mayores ignorantes y fanáticos de su época. Era una mente verdaderamente prodigiosa y no me explicaba cómo nadie había publicado antes sus reflexiones, por lo que hacerlo nosotras ha sido todo un honor y una deuda pendiente con su memoria.

—¿Cómo definirías esa memoria en una sola frase de todas las que dejó escritas?

—Agustina fue precursora de las viviendas de protección oficial, de la moneda comunitaria, de la escritura abreviada que utilizamos hoy en nuestros mensajes de texto o de las uniones homosexuales. Ella misma reconocía su carácter de pionera y las dificultades a las que todo precursor se debe enfrentar, pero confiaba en la razón y en su lenta pero segura efectividad, y escribió: «En las luchas vence siempre el más fuerte y sobre todo el que sabe esperar. El tiempo deja caer las cosas en su sitio. El que es intransigente ni conoce la vida, ni conoce a sus semejantes».

ANEXO

Carta a Agustina González. (O bien: «Lo siento, pero creo que la poesía femenina en España ñeñeñé»)

Querida Agustina:
Ablemos d la kuestion: no sé casi nada de literatura española escrita por mujeres. Te lo juro. Se asentó en mi cerebro la idea de que todas eran S E Ñ O R A S A B U R R I D A S y nadie pudo sacarme de ese estúpido pensamiento hasta hace bien poco. No sé cuándo ni dónde me picó ese mosquito que me llevaba a pensar que lo que hacía Torremozas —la única editorial de poesía dedicada exclusivamente a las mujeres en España— era «de menor calidad». No sé a qué venía mi rechazo a Gloria Fuertes —bueno, sí, creí que la escritora que había poblado mi infancia no sería capaz de «llenarme» de adulta—. No entiendo cómo pude creerme que lo de Las Sinsombrero no tenía que ver conmigo ni como lectora, ni como escritora, ni como mujer. Agustina, así te lo digo. Que yo veía fotos en blanco y negro de autoras tan dispares como una Carmen Martín Gaite o una Josefina de la Torre y me permitía el lujo de pensar que esas autoras a mí no tenían nada que aportarme. No era solo machismo. Era cierta superioridad moral superpija la mía, que me llevaba a pensar que más me valía leer autoras del siglo XX estadounidenses que preocuparme por las que compartían geografía y lengua conmigo. Porque esas no «molaban». Lo que me lleva a pensar: ¿qué clase de educación literaria hemos estado promoviendo en las escuelas españolas para que esto sea así? ¿Qué clase de imagen de las autoras patrias se ha vertido en la prensa cultural para que esto sea así? ¿Qué oportunidad le han dado alguna vez las editoriales

grandes, pequeñas, medianas o diminutas a firmas como la tuya para que esto sea así?

Agustina, un momento, que creo que acabo de recordar el día y casi la hora exacta en la que supe que me estaba equivocando. Acabo de recordar la cita y las palabras exactas que me hicieron entender que yo también estaba siendo parte del problema con mis menosprecios injustificados y gratuitos. Fue un fin de semana de un verano de un 2015 en el que uno de los editores más importantes de España se refirió así en *El Cultural* a la poesía hecha por mujeres en nuestro país. Atenta, Agustina, porque vas a fliparlo: «Lo siento, pero creo que la poesía femenina en España no está a la altura de la otra, de la masculina, digamos, aunque tampoco es cosa de diferenciar. Desde luego, si vas a coger a las poetas desde el 98 para acá, es decir, todo el siglo XX, no ves ninguna gran poeta, ninguna, comparable a lo que suponen en la novela Ana María Matute o Martín Gaite. No hay una poeta importante ni en el 98, ni en el 27, ni en los 50, ni hoy. Hay muchas que están bien, como Elena Medel, pero no se la puede considerar, por una Medel hay cinco hombres equivalentes».

Te lo he advertido. Semejante ñeñeñé hace tanto daño a los ojos que te dejo que sueltes un momento esta carta, la dejes sobre tu mesa y tomes un poco de aire.

¿Ya estás mejor, Agustina?

OK, pues sigo.

Sigo porque siento un poco de esperanza. Las cosas han cambiado mucho desde ese 2015. El esfuerzo de muchas está empezando a salir a la luz. Por ejemplo, Elena Medel, a la que se refería ese editor, impulsó a finales de ese mismo año el proyecto *Cien de cien*, donde ha ido recuperando a poetas como Susana March o Lucía Sánchez Saornil. Por no hablar de las ediciones de Renacimiento, con su Biblioteca del Exilio y sus recuperaciones de Concha Méndez o Elena Fortún. Del trabajo de colectivos como Furias y Féminas, que a través de representaciones teatrales donde se disfrazan de Concepción Arenal, Gertrudis Gómez de Avellaneda o Emilia Pardo Bazán intentan acercarlas a un público joven. De proyectos como el de poner rostro y papel —con documentales y reediciones— a las Sinsombrero, poetas, narradoras y artistas de tu misma generación. O de colectivos como el de Genialogías, al que pertenecen Laura Freixas y Noni Benegas, dos de las escritoras actuales con mayor bibliografía al respecto del tema que nos ocupa.

En fin, querida Agustina. Que hay muchas críticas, editoras y escritoras de mi presente que están tendiendo la mano a las de tu presente. ¿También crees que estamos en el buen camino?

Tuya,
    Luna.

10

Todo el amor y el odio que caben en esos treinta y un poemas breves que María Emilia Cornejo nos dejó tras marcharse a los veintitrés años

> «[...] hurgamos en viejos poemas
> la definición de lo nuestro [...].»
>
> MARÍA EMILIA CORNEJO

Un «cómo acabar con la escritura de las mujeres» de manual

«[Lo más importante] para mí, es contribuir al derrumbe del mito creado alrededor de María Emilia Cornejo. Principalmente porque me da rabia la forma como esos tres poemas han sido utilizados de manera acrítica, absurda, demagógica, por el centro Flora Tristán y algunas feministas». Aunque parezcan de otro siglo, estas palabras fueron pronunciadas en 2009 por el poeta infrarrealista José Rosas Ribeyro. Lo hizo en el marco de una entrevista con Francisco Izquierdo Quea, publicada en el blog de este, a propósito de un artículo de Rosas Ribeyro que había hecho mucho ruido en el mundo poético de Perú. El título del artículo era este: «María Emilia Cornejo: el lado oculto de un mito», y fue publicado un año antes en la revista *Intermezzo Tropical*, formando parte de una especie de monográfico que, como se puede intuir, cuestionaba la vida y la obra de María Emilia Cornejo. Ella, muerta en 1972 —se suicidó con apenas veintitrés años—, volvió a estar casi cuarenta años después en boca de todos, cuando Rosas Ribeyro anunció en su columna que él era, en verdad, coautor de los tres poemas más célebres que se le habían estado atribuyendo a la joven. Por lo visto, fue Hildebrando Pérez Grande —un profesor de taller común a él, a Cornejo y a Elqui

Burgos— quien, al fallecer ella, entregó algunos de sus cuadernos a sus excompañeros. Después, les pediría que hicieran algo con esos textos y bajo esa invitación los entonces jóvenes poetas crearían «Como tú lo estableciste», «Tímida y avergonzada» y «Soy la muchacha mala de la historia», los poemas más célebres que dejó Cornejo. Según la teoría de Ribeyro, María Emilia Cornejo no habría tenido nada que ver con esos textos. Si acaso algún verso suelto que los dos estudiantes moldearían hasta dar con los tres poemas que en adelante se reprodujeron en antologías, *plaquettes*, periódicos; que formarían parte de su único libro: *En la mitad del camino recorrido*; y que convertirían a su autora en un verdadero icono, además de en la precursora de un erotismo, una rabia y un feminismo que en adelante marcarían la lírica entera de las poetas de Perú.

Pero de acuerdo con Ribeyro, todo esto sería una farsa. Una fachada. Una mentira que todos los poetas de su generación y generaciones posteriores habrían alimentado y que él, en 2008, tuvo la necesidad de destruir. En sus propias palabras: «Ella era una chica que empezaba a escribir. En sus cuadernos y en hojas sueltas apuntaba cosas acerca de sus malestares existenciales, su vida conyugal, su compromiso social de estudiante católica. La cuestión es simple: sin esos tres poemas ella no existiría hoy como poeta reconocida». Ribeyro va más allá en sus declaraciones: «Quizá [Cornejo] hubiera llegado a ser una poeta interesante. Sin embargo, los textos que escribió, los que quedaron tal como ella los hizo, son por lo general poemas sociales bastante mediocres, ingenuos. Las cosas que decía las decía sin tener una verdadera conciencia de estar haciendo poesía». Y cuando Francisco Izquierdo Quea le pregunta por quién es entonces, para él, María Emilia Cornejo, el poeta responde así: «No fue una poeta pero sí una muchacha que existió, vivió, sufrió, se suicidó. Ella pertenecía al grupo estudiantil de los católicos de izquierda y no tenía nada que ver con el feminismo. Lo único que llegó a dar a conocer en vida son unos poemitas sociales que reflejan su compromiso con la teología de la liberación. En paralelo anotaba cosas ligadas a su intimidad, a sus contradicciones como mujer y como esposa de alguien, a sus sufrimientos. Ella era, creo, de esas personas que escriben lo que les pasa como luchando contra el suicidio. Pero incluso esa escritura de lo íntimo no logró salvarla».

Aunque el debate sobre la pertenencia o no de los más celebres poemas de María Emilia Cornejo ha marcado la última década, lo cierto es que son más voces las que se han preocupado de defender la integridad de su obra. Fue a principios de los años setenta cuando los textos de Cornejo salieron a la luz y revolvieron estómagos y conciencias. En aquel tiempo, una popular antología de Alberto Escobar que daba espacio a nuevas voces de la poesía peruana incluyó sus textos más polémicos. Es confuso saber cómo le habrían llegado a Escobar estos textos. Algunas informaciones aseguran que fue a través del mismo profesor de taller, Hildebrando Pérez Grande, que ya sabía de la mentira. En otras biografías y artículos sobre María Emilia Cornejo, se sugiere que fue su hermana gemela, Ana Cornejo, la que se encargó de difundir sus textos póstumos. Sea como sea, los versos terminaron en la antología e indiscutiblemente marcaron un antes y un después en la poesía peruana. La poeta feminista Carmen Ollé lo confirmó así: «Era la primera vez que una voz poética de mi generación me hablaba directamente [...] su poesía carente de retórica me impresionó». En 1994, con motivo de una segunda edición de *En la mitad del camino recorrido* —publicado originalmente en 1989, y primera vez en la que los treinta y un poemas de María Emilia Cornejo salen a la luz— Carmen Ollé escribió un prólogo a esta obra, donde ya dejaba claro que la magia de la joven poeta residía en su sencillez, en su ausencia de pudor a la hora de mostrarse protagonista, y en el atrevimiento de haber enseñado su sexo y sus entrañas abiertas. Y añade: «La poesía de María Emilia Cornejo desenmascara las represivas fórmulas con las que intentaron domesticar a la mujer mediante la culpa y una desesperada frigidez que solo existe en la conciencia retorcida de los otros, que niegan en el amor el único espacio donde todo está permitido y se es libre para escoger la fatalidad o la dicha».

De mujer a mujer

Contrasta, sin duda, el entusiasmo de las palabras de Ollé con el desprecio de las de Ribeyro en este debate. Mientras que la primera es capaz de ver la promesa de una genialidad truncada en solo treinta y un poemas, el segundo parece estar empeñado en criticar no ya la obra inconclusa de una escritora en crecimiento, sino también el devenir de la poesía de todo un país en el que, actualmente, el feminismo es uno de los grandes caballos de batalla, además de la postura desde la que escriben y han escrito algunas de sus mejores creadoras. Incluso si José Rosas Ribeyro y Elqui Burgos hubieran colocado y descolocado algunos de los versos de Cornejo, eso no tiraría por tierra el resto de poemas de *En la mitad del camino recorrido*, donde ya se intuye un gusto por la intimidad, la sexualidad y la reivindicación del yo que las palabras de Ribeyro tanto desprecian. Como recuerda Joanna Russ en *Cómo acabar con la escritura de las mujeres*, ¿cuántas veces se intentó menospreciar la obra de Virginia Woolf al sugerir que ella sola no podría haber escrito todas esas cosas y que Leonard, su marido, estaría ayudándola? Russ pone sobre la mesa otros dos curiosos ejemplos: el de Charlotte Brontë y el de Mary Shelley. Aunque mientras de ellas se escribieron múltiples comentarios y reseñas aludiendo a que había algo en sus literaturas que «se escapaba de lo femenino» —como si «lo femenino» fuera un impedimento para escribir, o como si la importancia de sus obras residiera solo en aquellas partes en las que se habían desprendido de lo que quiera que presuponga su género—, de una autora como María Emilia Cornejo lo que molesta es todo lo contrario. Es decir, la manera extrema en la que expone su feminidad y cómo eso alcanza a nuevas lectoras y crea nuevas sensibilidades que han ido enraizando hasta nuestros días.

Volviendo al caso de Carmen Ollé, hoy considerada una de las escritoras más relevantes de Perú, si no la más importante, la estudiosa Dunia Gras Miravet destacó esto en el prólogo a la edición española de su mítico poemario *Noches de adrenalina* (Ediciones Sin Fin, 2015), publicado originalmente en 1981: «El enfoque autobiográfico, sin embargo, da voz no solo a una mujer sino a toda una generación de mujeres que, como ella, pueden haber estado calladas hasta ese momento, pero no ausentes, remendando de forma irónica el famoso verso de Neruda, cuya aparición es episódica y desacralizadora, por no decir cuestionada. Sujetos deseados y deseantes, creativos, madres, amantes y escritoras. Desde un pretendido nocturno interrumpido —el de las noches de adrenalina evocadas—, aparentemente neorromántico, aunque subversivo, este yo poético se desnuda más que física, literariamente, en un amanecer revelador. Así, se pregunta: "¿Escribir es una veleidad que dice o disiente / para una mujer casada?"».

Tras esta reflexión sobre Ollé, es imposible no acordarse del polémico poema de María Emilia Cornejo que en los setenta ya abordaba el adulterio y la libertad creativa, sexual y espiritual de la mujer casada: «Soy / La muchacha mala de la historia / La que fornicó con tres hombres / Y le sacó cuernos a su marido. / Soy la mujer / Que lo engañó cotidianamente / Por un miserable plato de lentejas, / La que le quitó lentamente su ropaje de bondad / Hasta convertirlo en una piedra / Negra y estéril / Soy la mujer que lo castró / Con infinitos gestos de ternura / Y gemidos falsos en la cama / Soy / La muchacha mala de la historia». Sobre si estos versos pertenecen en su totalidad a Cornejo, o solo en un 50 por ciento, o sobre si no fue ella quien los colocó así, o incluso sobre si lo único que ella no aportó fue tal o cual verbo, poco se sabe realmente. De hecho, ninguno de los escritores que han puesto en duda la autoría de los poemas se ha parado a explicar cuál es la verdadera implicación de Ribeyro, Burgos o Pérez en los mismos. Tampoco el infrarrealista lo ha determinado en su afán por mostrar «el lado oculto del mito» y por bromear con la idea de que en realidad «Elqui y yo éramos las mejores poetas feministas del Perú».

Mientras tanto, en Argentina, la obra de María Emilia Cornejo protagoniza titulares en la prensa, relecturas y reivindicaciones desde que la editorial independiente Todos Leemos decidiera publicar *En la mitad del camino recorrido* a finales de 2018. Tal vez lo más comentado de esta edición sea lo que la poeta Alicia Genovese comenta en el prólogo. La sorpresa de una madurez tan clara teniendo en cuenta la edad de la autora, el dolor de saber que dejó un trabajo tan prometedor, irónicamente, a medio camino recorrido, y la importancia de saber que su poemario siempre será un trabajo a medio cerrarse: el mero testimonio de «una iniciación, la de una mujer joven en una ciudad latinoamericana a comienzos de los setenta. Poetizar sin la obviedad de querer escandalizar, poetizar aquello que, se percibía, no había tenido demasiada constancia escrita, demasiada indagación, al menos no en el ámbito y en la época en la que esta escritura tiene lugar».

¿Y qué nos puede dar la obra de María Emilia Cornejo fuera de esa época y ese lugar?

¿Qué sentido tiene leerla hoy?

¿Por qué es importante escuchar su breve vida de estudiante casada en la Lima de los setenta?

¿Importa su obra si está inconclusa?

¿Aporta al actual debate feminista si hay quien pone en duda su implicación?

A todo eso mejor responde la editora argentina, Gaby Mena, en una nota preliminar en la que cuenta que si accedió a la obra de Cornejo fue, «qué duda cabe», gracias a su poema «Soy la muchacha mala de la historia». «Recuerdo haberme puesto a buscar más de su obra. Solo pude encontrar un puñado de poesías, que son las que pertenecen a la parte V de este poemario. Las guardé, pero se quedaron en mi corazón». Para Mena, el proceso de encontrar a la familia de Cornejo fue relativamente fácil. Cree que tuvo mucha suerte de dar en seguida con Ana Cornejo, y cree que fue más fácil todavía encontrar el cariño del resto de herederas, que incluso llevaron en mano de Lima a Buenos Aires algunos ejemplares de las ediciones pasadas de los poemas de la joven. Mena hace referencia a Mercedes, hermana mayor de las gemelas, y también a las integrantes del Centro de la Mujer Peruana Flora Tristán, desde donde durante años se ha custodiado, defendido y reivindicado su poesía. Así, finalmente, para la editora de Todos Leemos, es «de mujer a mujer que este poemario ha ido naciendo» y son «las jóvenes poetas de hoy quienes sabrán dar la bienvenida a esta compañera de ruta, a esta caminante solitaria que las ha precedido y que sumará su voz a las de ellas».

ANEXO

Carta a María Emilia Cornejo. (O bien: Amiga, seguro que tú serías capitana en el Comando Plath)

Querida María Emilia:
  Seré rápida. Solo he venido a hablarte de algo que es preciso que conozcas para entender tu fuerza y tu alcance aún hoy, tantos años después de tu suicidio. Te cuento que ha llegado hasta mí la noticia de que en tu país hay un ejército que, si lo cabreas, es capaz de responder en tu nombre. Se hacen llamar Comando Plath, y entre otras muchas cosas se han unido para escribir poemas que reflejen injusticias de la cultura o sociedad peruanas, relativas a cuestiones de género o raza. Con poemas colectivos y bajo la máscara de Sylvia Plath, ellas han gritado ante movimientos como #PerúPaísDeVioladores o incluso han salido a defender a poetas como Roxana Crisólogo, que en 2017 denunció públicamente los acosos sufridos en un evento literario. La escritora Victoria Guerrero es una de las que más han dado la cara por este movimiento. Es una escritora brillante y comprometida que me recuerda mucho a ti. Me dijo una vez Guerrero que «a veces es necesario que alguien más esté contigo para que todo surja, y creo que allí apareció algo que ya había tenido en mente: hacer un colectivo donde todas las voces puedan aportar», y que así es como vino para quedarse el Comando Plath, desde cuya página web han llegado, incluso, a dedicarte un poema.

Querida María Emilia:
  Te dije que sería veloz, pero quiero quedarme un rato más a leerte ese poema. Su autora es Juliane Angeles y lo leyó en público

durante el Taller Itinerante de Escritoras Peruanas en marzo de 2019. Por lo que intuyo, es un *remix* de tu obra. Y a mí me parece verdaderamente hermoso, así que procedo a leértelo:

Vivo de dar explicaciones. Lo que dicen de mí se acrecienta en mis oídos y en mi sexo. Los miedos milenarios pugnan por salir ¿Por qué tengo que seguir rindiendo cuentas? Ya nadie respeta mis decisiones, mis poemas, ni mis orgasmos. Me llaman bruja, y todavía soy motivo de análisis y polémicas. La hija extravagante y loca que hay que rescatar.

Van a analizarme.
Si se me da por hablar del goce y del cuerpo en los setenta en el Perú,
van a analizarme.
Dirán que soy la otra,
la muchacha buena de la historia,
la que fantaseaba con ser la mala,
la que escribió soy la mujer que lo castró con infinitos gestos de ternura y gemidos falsos en la cama.
Porque la castrada siempre fui yo,
nosotras,
las inconformes,
las de la culpa,
las de la moral,
las reprimidas.

Y así, solo así,
lo comprenderán.

Que establecí mi cuerpo como quise.

Pero lo que manifiesto no les es suficiente.
Mis senos como dos frutos no les son suficientes.
Mis gemidos falsos en la cama no les son suficientes.
Un cuarto por tres horas no les es suficiente.
La vieja cama y el colchón de paja no les son suficientes.

Una mata de tu pelo entre mis piernas *no les es suficiente.*
Las mil formas del amor *no les son suficientes.*
Tus labios en posesión de mi sexo no les son suficientes.
Saber con exactitud las dimensiones de tu falo *no les es suficiente.*
La inocencia de mi cuerpo *no les es suficiente.*
Descubrir que el amor no siempre necesita un lecho de rosas *no les es suficiente.*
Abrir las piernas sin chistar *no les es suficiente.*
El hijo que perdí *no les es suficiente.*
El rubor de mis mejillas *no les es suficiente.*
Mi pubis ardiente e insaciable *no les es suficiente.*
Desnuda no les es suficiente.

Ni mis lentos orgasmos.
Ni mis silencios,
les son suficientes.

¿Las calles de Lima todavía te aguardan para gritarte en la cara?
Estas son las respuestas que no llegué a pronunciar.
No tuve tiempo de ir tras el sol, tras los pájaros.

Muchacha, me has encontrado en la mitad de todos mis caminos.

Muchacha, cuando pienses en mí, recuerda:
cada palabra mía *es* un grito desgarrador.

Querida María Emilia:

No fui veloz, pero qué más da. Dicen que tú sí lo fuiste y ya no les creo. Veloz es el que viene y va. Rápido es el que pasa por aquí sin importarle a nadie. Y, querida María Emilia, tú nos importas tanto… ¿Has leído el poema que te dedica Juliane Angeles? ¿Has visto cómo nos importas?

Tuya,
Luna.

11

Eunice Odio, reina del país secreto de las trasterradas

«¿Para qué quiero ser rica si soy poeta?»

Eunice Odio

Pero no las leemos

Tal vez sin quererlo, el periodista de *La Nación* de Costa Rica que entrevistó a José Ricardo Chaves con motivo de la publicación de la novela *Tránsito de Eunice* dio con la clave de uno de los grandes males que han asolado a la literatura escrita por mujeres desde que la misma literatura existe. En el canal de YouTube del medio de comunicación, los dos charlan algo desolados ante la idea de que la poeta Eunice Odio no pudiera ver en vida el profundo reconocimiento que su obra tendría muchos años después de muerta. Chaves estaba hablando de la trayectoria de la propia Odio y de su compatriota Yolanda Oreamuno, quienes vivieron en el exilio y tuvieron dificultades para ver sus libros debidamente publicados, y de pronto, casi como si no reparara en la revelación de sus palabras, el periodista de *La Nación* suelta: «Las conversamos mucho, pero no las leemos tanto».

Así es.

Cuántas historias nos han contado sobre ellas: sobre cómo se acostaron con tal otro artista, sobre cómo se exiliaron y empezaron de nuevo absolutamente solas, sobre cómo impresionaron a la crítica o a la bohemia del momento, y aun así fueron excluidas de recitales, antologías o revistas, sobre cómo se volvieron locas o cuánto sufrieron o qué descorazonador final les deparó el ser unas incomprendidas. Cuántas historias así las envolvieron, pero qué problema fue leerlas y, en muchos casos, lo sigue siendo. A saber: Eunice Odio, que nació en Costa Rica en 1919, se exilió primero en Guatemala y luego en México —donde ya permanecería, excepto por algunos viajes puntuales al país de origen o a Nueva York, hasta el fin de sus días—, pasaría la vida perteneciendo a otras patrias. Para los costarricenses, ella no era una autora de allí, pues había gestado gran parte de su obra en otros lugares, y lo mismo en Guatemala, donde si bien recibió algunos premios por su primer libro, *Los elementos terrestres*, los problemas personales no le permitieron quedarse en el país. Su exilio final se produjo en México. Allí se codeó con escritores y artistas muy importantes, pero su cualidad de poeta extranjera, mezclada con sus posiciones políticas críticas al comunismo, la convertiría en una figura extraña, y tal vez poco amigable para los círculos culturales y de izquierdas del DF. José Ricardo Chaves lo asegura así cuando se refiere a la Eunice Odio de carne y hueso a partir de la cual él recrearía la suya de ficción y tinta en *Tránsito de Eunice*: «No creo que en México la excluyeran, sino que ni siquiera la conocían. Mi experiencia a la hora de conversar con muchos de los colegas mexicanos es que los que la conocieron, los que tienen alguna referencia de ella fundamentalmente es en términos de un personaje de la bohemia mexicana de los sesenta y principios de los setenta, con una marcada veta anticomunista. Sí que sabían que escribía poesía, pero no la han leído, porque los libros de Eunice no circularon allá en México. De modo que no es como una Chavela Vargas. No la han acogido. El hecho de que ella se haya ido y se haya adaptado a México no significa que México se adaptara a ella».

Foránea y encima mujer

Aunque José Ricardo Chaves habla desde cierto entusiasmo por saber que cada vez hay un interés mayor por la obra de Eunice Odio a nivel mundial —quizá en vista del centenario de su nacimiento se han publicado en varios países ediciones de *El tránsito de fuego*, artículos críticos, antologías y hasta la propia novela de Chaves— llama la atención que en ningún momento haga referencia a la importancia que ha tenido el feminismo literario para recuperar la obra de Odio y de otras escritoras infravaloradas. Una de las más grandes estudiosas de la poeta exiliada, la también costarricense Rima de Vallbona, contradice a Chaves en la idea de que «no se la excluyó», cuando en 2017 publica en *La Nación* un artículo sobre la recuperación de su segundo libro de poemas: *Zona en territorio del alba*. En su columna, Vallbona asegura que pese a los esfuerzos de muchos por visibilizarla, su talento sigue cuestionado por el machismo imperante del sistema literario costarricense. Para Vallbona «resulta destacable de qué modo la estatura artística e intelectual de Yolanda Oreamuno y de Eunice Odio opaca al resto de autores nacionales, más aún por la época que vivieron y por sus historias personales, marcadas por todos los signos de una cultura patriarcal. No solo fueron excluidas antes, aún escucha uno a autores varones afirmar que están sobrevaloradas». La escritora, editora y ensayista se pregunta en este mismo texto por qué alguien con una obra tan celebrada por unos pocos pero importantes lectores como es la de Odio, ha acabado encontrando tantos problemas para salir más allá de ediciones institucionales o para colgarse de una vez por todas el título que merece y que muchos han deseado para ella como «mejor poeta de Centroamérica del siglo XX». En el prólogo a la edición de *Los elementos terrestres* publicada por la Editorial Costa Rica en 2013, Vallbona recuerda que han tenido que pasar casi cien años de su nacimiento para que en su país empiecen a tomársela con seriedad, y que ese rechazo es algo todavía más sorprendente si tenemos en cuenta que ya en 1960 «el *New York Times* comienza por mencionar el interesante fenómeno literario construido por un grupo de mujeres en México, las cuales estaban produciendo una rica y valiosa serie de novelas, cuentos, dramas y poesías; dicho grupo estaba integrado por Amparo Dávila, Guadalupe Dueñas, Elena Garro, Luisa Josefina Hernández, Margarita Michelena, Eunice Odio y Josefina Vicens; el escritor señala que «estas mujeres con gran sinceridad se desvían de las tesis sociales y políticas practicadas como norma del momento». Más adelante, el articulista se refiere especialmente a Eunice comentando que de las siete escritoras «es la única que ha hecho de la literatura una profesión».

Como Vallbona recuerda, tras su muerte los mexicanos Carlos Zener y Alfonso Reyes la llamaron «la mejor poeta americana de este siglo» o «la gran poeta de las Américas». Tres años después de su fallecimiento, en 1975, el venezolano Juan Liscano armó el libro *Eunice Odio, Antología. Rescate de una gran poeta*, para tratar de poner en valor su obra internacionalmente. Y en 1978 la también costarricense Victoria Urbano consiguió que fragmentos de su obra se tradujeran en Estados Unidos. Resalta Rima de Vallbona muchos más homenajes póstumos que han contribuido a la «popularización del mito», pero también recuerda que desde los años ochenta hasta el fin de la década del siglo que pisamos, el reconocimiento ha llegado con cuentagotas. Según Vallbona, ni el exilio ni el machismo de la época son excusas válidas para que todavía hoy sigamos cuestionando el alcance de la autora de *El tránsito de fuego*. En la citada columna de 2017, asegura: «Si la posteridad de verdad adquiere deudas, hoy le corresponde colocar a Eunice en un lugar central, no para petrificarla con la materia muerta de los monumentos, sino para que pueda seguir dialogando con nosotros».

Al margen

De Eunice Odio el mexicano Octavio Paz dijo algo muy revelador y tristemente premonitorio: «Que su poesía, como la de Blake, Saint John o Pound, al crear una mitología propia, es de la que nadie entiende hasta años, o incluso siglos, después de que los autores han muerto». Esta cita la recoge la editorial española Torremozas, que en 2018 hizo una edición de *Los elementos terrestres* introducida por Rima de Vallbona, tan solo unos meses antes de que en el mismo territorio Ediciones Sin Fin hiciera lo propio con *El tránsito de fuego*. En este libro —considerado su obra más emblemática y compleja, así como el exponente de esa mitología propia a la que se refiere Paz— la nota preliminar la escribe la que podría ser considerada como la mayor especialista de Odio del momento. Tania Pleitez Vela, salvadoreña afincada en Barcelona, recupera para su texto un verso que también asusta si tenemos en cuenta las condiciones en las que falleció Odio.

El verso dice: «Extranjero nací desde mi tumba».

Y Pleitez narra: «Volviendo al abandono en que suelen caer los poetas, hay que añadir que Odio tuvo un final trágico, el cual ha levantado todo tipo de especulaciones. Su cuerpo sin vida, en estado de descomposición, fue encontrado el 23 de mayo de 1974 en la bañera, poco más de una semana después de morir. Anita, su vecina, puso la voz de alarma; llevaba varios días sin verla entrar o salir de su apartamento y el olor que salía del mismo la hizo temer lo peor. Horas más tarde, la policía irrumpió en su ya famoso apartamento de paredes amarillas, ubicado en el número 16 de Río Neva, no muy lejos del famoso Ángel de la Independencia. Ese mismo día fue enterrada».

Lo siguiente que se sabe de la muerte de Eunice Odio tiene que ver con el chismorreo. Incluso Elena Garro llegó a asegurar en una carta a otra escritora que estaba segura de que la habían asesinado. Pero después del chismorreo, llegaría el silencio. Tania Pleitez cuenta en una entrada de su blog sobre *El tránsito de fuego* que en una visita a México en 2011 trató de encontrar su tumba en el Panteón de San Lorenzo Tezonco, pero que por lo visto aquel era un cementerio de pobres y solían deshacerse de los restos no reclamados cuando estorbaban. Pleitez estuvo en vilo hasta que un poco más tarde supo que lo que quedaba de ella fue exhumado siete años más tarde de su entierro y entregado al escritor Antonio Castillo Ledón. Más tarde, contactó con la familia de este y se enteró de que los restos de Odio se incineraron y se depositaron en la tumba de Luis Castillo Ledón —padre de Antonio—, un periodista al que ella nunca había conocido. «Curioso que los restos de Odio se encuentren en la tumba de una persona que ella nunca conoció pero con quien intelectualmente, quizás, pudo haber establecido una larga conversación», anota Pleitez. Y, finalmente, se lamenta: «No obstante, no deja de ser inquietante el hecho de que se encuentren en una tumba ajena, a la sombra de una lápida que no le pertenece y que no lleva su nombre. Al margen».

Le dolería el plástico (una conversación con Tania Pleitez, profesora en la Universitat Autònoma de Barcelona)

—¿Quién sería hoy Eunice Odio?

—Seguiría siendo una poeta un tanto reclusa. Posiblemente, habría sido reconocida por las nuevas generaciones y sería visitada por un pequeño círculo de poetas jóvenes a las que ella les permitiría que la cuiden. Quizá incluso le habrían ayudado a salir de esa espiral de soledad y alcoholismo de sus últimos años. Ella les habría dado su cariño y les daría consejos sobre la escritura, pero también sobre el acoso sexual, situación con la que ella tuvo que lidiar, sobre todo en el campo cultural. Las editoriales independientes estarían reeditando su poesía en América Latina y España. Sin embargo, ella se mantendría en su casa, rodeada de sus cuadros, escribiendo, leyendo, investigando asuntos esotéricos, escuchando *jazz* clásico, alejada del bullicio, aunque de vez en cuando realizaría cenas con amistades muy cercanas.

—¿Qué amaría hoy Eunice Odio?

—Amaría las librerías pequeñas que han sobrevivido al avance de los grandes consorcios; también amaría los libros usados y las lecturas de poesía en lugares clandestinos, recogidos. También seguiría amando observar, desde su ventana, las tormentas sobre los edificios, así como los paseos por la ciudad, siempre buscando conexiones metafísicas en situaciones cotidianas. Sobre todo, seguiría amando a cualquier persona con la que pudiera conversar de poesía, música, arte. Quizá se enamoraría de Bruno Montané y le encantaría ser amiga de la editora Ana María Chagra.

—¿Qué leería hoy Eunice Odio?

—Leería poesía de Mary Jo Bang, Carmen Ollé, Robin Myers. Le gustaría leer el *Cementerio general* de Tulio Mora. Se conmovería con *Antígona González* de Sara Uribe, poemario fundamental para conocer el entramado emocional que sobrecoge a ese México que sobrevive bajo un manto necropolítico (país donde seguiría habitando). En ese sentido, posiblemente leería los ensayos de Cristina Rivera Garza y Sayak Valencia. Sin duda, leería todo lo relativo a los migrantes centroamericanos en su paso por México, como *Los migrantes que no importan* de Óscar Martínez, *Las tierras arrasadas* de Emiliano Monge y *Los niños perdidos* de Valeria Luiselli. Estaría fascinada por la narrativa de la salvadoreña Claudia Hernández, pues se sentiría hermanada con esta escritora en su búsqueda por lo raro, lo insólito, eso que revolotea y altera lo aparentemente normal.

—¿Y en contra de qué lucharía en 2019 Eunice Odio?

—Eunice sentía gran cariño por los niños, los animales, los ríos, la naturaleza (lo cuenta en sus cartas a Juan Liscano y también me lo dijeron amigos de ella). Por lo tanto, seguramente escribiría artículos de denuncia relativos a la situación de los niños migrantes centroamericanos en los centros de detención de los Estados Unidos. También escribiría artículos sobre el cambio climático y poemas con temas ecológicos. Le dolería profundamente ver esas fotografías de desechos de plástico en océanos, ríos, playas, así como las fotografías de niños enjaulados y criminalizados.

ANEXO

Carta a Eunice Odio.
(O bien: Otra vez lo de los escritores salvajes)

Querida Eunice:
 Antes de leerte a ti y, sobre todo, antes de leer sobre tu vida en México, me paseé por la escritura de la uruguaya Ida Vitale en sus memorias *Shakespeare Palace. Mosaicos de mi vida en México.* Casualmente, antes de leerte a ti y antes de leer a Vitale, también me detuve en la biografía de Alcira Soust Scaffo, otra uruguaya que quiero pensar que conoces, en cuyas páginas el exilio mexicano también estaba presente. Te preguntarás por qué te estoy hablando de ellas. Me dirás: «¿Para esto me despiertas de mi sueño, Luna? ¿Para enseñarme una cita de un libro que no voy a poder leer porque llevo casi cincuenta años muerta en una tumba que ni siquiera es la mía?». Y sí, eso voy a hacer, Eunice, porque creo verdaderamente que lo que voy a mostrarte te gustará un poquito. O te entretendrá. Porque leyendo las memorias de Vitale subrayé algo que en cierto modo podría aplicarse a tu historia: «El exilio a veces implica el alejamiento de una sociedad que siendo la nuestra, es decir, estando nosotros vinculados a ella por obligaciones y derechos, de pronto deja de correspondernos, de ser acogedora [...]. Si los exiliados también han sido llamados trasterrados es porque esa denominación abarca otros elementos influyentes. Y son estos los que ahora me piden ser tenidos en cuenta, sin que yo crea estar padeciendo lo que se ha llamado un idealismo de la nostalgia». De nuevo, Eunice, me dirás: «¿Y a mí qué esta uruguaya exiliada? ¿No tengo suficiente con mis propias cosas, Luna? ¿Para eso me despiertas?». El caso es, Eunice, que me dejó pensativa, a estas alturas de *El coloquio de las perras,* y sobre todo a estas alturas de las cartas que me he ido cruzando con vosotras,

lo de que muchas poetas hubierais vivido en México, y lo de que tantas otras, ¿quizá más afortunadas?, ¿hay un componente de clase en esto?, ¿cómo lo explico ahora?, lo hubieran hecho en París o en Nueva York, corriendo tal vez mejores destinos, o no, me dirás tú, si nos fijamos en la que fue tu amiga, Elena Garro. «¿A dónde quieres llegar con esto?», preguntarás hastiada. A donde quiero llegar es a ese espacio en el que tú te conviertes en la reina de las trasterradas. En la reina de las que mueren solas, de las que se pudren y se consumen sin que nadie luego las recuerde. «¡Vaya, no es muy esperanzador ser reina de tal cosa!», me dirás. Y yo sé que no lo es, pero también sé que hay algo que está cambiando, se lo dije a Agustina y se lo dije a María Emilia, Eunice, hay algo que está cambiando y sé que la reparación llegará para vosotras, y que será consecuente con lo que sufristeis, con lo que sufrió vuestra obra, y que la celebración de vuestra memoria será directamente proporcional al deterioro de tu cuerpo y de tus poemas al morir sola, al morirse solos, transitando entre el polvo y el fuego, Eunice, amiga trasterrada, eso quería decirte. «Y pues ya, pues muy bien, Luna, gracias por nada —dirás tú—, que lo de Vitale puedo entenderlo, pero lo de la otra uruguaya, ¿a qué venía?». Verás, Alcira Soust Scaffo sale en *Amuleto*, la novela de Roberto Bolaño que recrea la vida de una mujer que «habitó la bohemia» mexicana igual que tú lo hiciste. La diferencia con Alcira es que ella escribió poco y su obra no se ha visto publicada, mientras que la tuya está alcanzando poco a poco un lugar mejor en todo esto. «Ah, ¿y qué?», dirás de nuevo. Pues que fíjate en la ironía de haber aparecido tú y ella en *Amuleto*, de Bolaño. Fíjate qué ironía haberlo sabido yo mucho después de leeros, mucho después de estudiaros, mucho después de haber deseado para vosotras algo mejor que la posición en la que el chileno os deja: mujeres que quedaron atrás, mujeres que vivieron las fiestas pero a las que se les negó la participación en la cultura, mujeres trasterradas, reinas del vacío. «A ver, Lunita —me dirás entonces—, que tú ya sabías todo eso. Que tú ya eras consciente de la injusticia. Que es muy difícil resolverlo así, con una carta floja, con un teclado nuevo que solo es capaz de escribir *claclaclá* problemas viejos». Lo siento, Eunice, ¿hay algo que pueda hacer por ti entonces? «Sigue leyéndome y ya».

¿Solo eso, no quieres que hable de ti en Instagram? «¿Qué dices, niña?, yo no sé qué es eso. Tú léeme y basta». Yo te leo y basta. «Leerme es lo único que me mantendrá aquí, de este lado». Yo te leo en este lado. «Abre un libro mío». Lo abro. «Ábrelo al azar». Lo tengo. «Pon el dedo en un verso». Lo pongo. «Dime qué dice». ¿Lo digo? «Venga, niña, ¿qué pone?». Exactamente lo que tú escribiste:

> *[...]. Mira la herida*
> *para no olvidarla. ¿Es bella?*

Tuya,
    Luna.

12
Marvel Moreno nos enseñó a tirar de la cola al tigre

«Yo pienso que una persona no se realiza a sí misma si no ha realizado su sexualidad. Es decir, que a partir del momento en que la persona se apropia de su sexualidad, se puede afirmar en el mundo. De otro modo tendrá siempre un carácter infantil y dependiente. Y eso es lo que el poder quiere: el poder trata de infantilizar a los seres humanos, haciéndolos sentir culpables de su sexualidad, para que se conviertan en unos ovejos. Finalmente, sexualidad y libertad son problemas que conciernen no solo a las mujeres, a los hombres también. La privación de la sexualidad por parte del poder se vuelca en contra de la sociedad; siempre nos han querido reducir así. Luchar para recuperarla es necesario para poder afirmarse en el mundo.»

MARVEL MORENO

La emperatriz sabia

El 5 de junio de 1995 la escritora colombiana Marvel Moreno fallece en París. En verdad, asumirla como «colombiana» es referirse solamente a su lugar de nacimiento y al escenario donde transcurren buena parte de sus relatos, porque Moreno se mudó muy joven a la capital francesa, en la que igualmente pronto escribiría su grandísima novela *En diciembre llegaban las brisas*, y donde también de manera prematura terminaría su vida tras una larga enfermedad. Al final de una de las pocas entrevistas que concedió y que hoy puede encontrarse en la web de la revista *Arcadia*, Moreno se refirió así al lupus que padeció y a la enfermedad pulmonar que se la llevaría antes de cumplir sesenta: «La veo como una enemiga, y trato siempre de sacarle el cuerpo. Trato de vivir en condiciones tales que la enfermedad no tenga psicológicamente razones para aparecer. Ya me acostumbré a convivir con ella. Al principio fue muy duro, además es muy aburrido estar enfermo. No me gusta hablar de eso porque, con lo de la enfermedad, hay una especie de coquetería. Decir "Mira, estoy enfermo" es una manera de seducir, de decir "Tenme lástima". Por eso me acostumbré a vivir con ella en silencio».

La discreción no fue solo una característica de sus tira y afloja con la enfermedad. También es la definición de su paso por la literatura. Una discreción muchas veces impuesta por la mirada ajena, otras por el miedo a despertar recelos en la mirada ajena, y otras por una cuestión puramente física que determinó la manera en que todos los escritores, editores, críticos o amigos del oficio mirarían su vida y su obra: su belleza. Precisamente tras su muerte, en el año 1996 la revista *Caravelle. Cahiers du monde hispanique et luso-brésilien* publicó un hondo homenaje a la novelista de Barranquilla, en el que participaron diversas voces con la intención de recordarla: Helena Araújo, Roberto Burgos Cantor, Juan Goytisolo o la mismísima Rosario Ferré, entre otros, pusieron en duelo sus plumas y dedicaron a Moreno textos muy bellos, en los que sin embargo no faltó la incidencia en su físico. De ella dijeron que era una «señorita», una «muchacha preciosa», que era «delgada» y «de maliciosos ojos», una mujer «bella y joven, de exótica languidez», reconocida por todos por haber sido «reina del carnaval», y por haber escrito cosas de adulta, pero con esa «caligrafía de niña».

Esta obsesión por el cuerpo de la escritora no es inédita. Solo hace falta abrir la biografía de otra de las grandes narradoras del sur de América para encontrarse con referencias al físico desde la primera página. Literalmente, en *Por qué este mundo. Una biografía de Clarice Lispector*, el crítico Benjamin Moser no tarda ni veinte líneas en mencionar que «Clarice Lispector era una de las figuras míticas de Brasil, la Esfinge de Río de Janeiro, una mujer que fascinó a los hombres de su país casi desde la adolescencia. "Su visión me impactó", recordaba el poeta Ferreira Gullar de su primer encuentro. "Los ojos verdes, almendrados, los pómulos marcados; parecía una loba fascinante... Pensé que si la volvía a ver me enamoraría de ella sin remedio"». En adelante, Moser suelta otra cascada de afirmaciones sobre la belleza de Lispector, y sobre cómo incluso hubo quien amenazó con suicidarse si su amor por la autora de *La hora de la estrella* no le era correspondido. En este sentido, es cierto que revisar el recuerdo que tienen muchos de los escritores que se cruzaron con Marvel Moreno a lo largo de su vida no nos entrega declaraciones tan extremas, aunque sí nos revuelve una y otra vez en el recuerdo de una mujer cuya escritura tuvo que reñirse con la atención que acaparaba su aspecto, además de otras dificultades relativas al género, al idioma, a la nacionalidad o al exilio voluntario de la autora. La desembocadura de las miradas prejuiciosas acabaría arrastrando hasta nuestros días algunos titulares y reivindicaciones que reflejan el destino injusto de su obra: «Marvel Moreno: una de las grandes olvidadas de la literatura colombiana» *(Semana)*; «muy despacio, pero sin marcha atrás, Colombia se entera de la importancia de esta escritora que pasó desapercibida en el *boom* latinoamericano a pesar de ser parte de la escena parisina y de trabajar y escribir a la par con los autores de la época» *(Mujeres Confiar)*; «una escritora barranquillera cuyo nombre ha sonado bastante en las últimas semanas, pero que debió sonar desde hace años» (Canal Trece). Pero la hipocresía que la crítica literaria hispana mantuvo y en algunos casos sigue manteniendo hacia Marvel Moreno la liquidó ya Fabio Rodríguez Amaya en 1996, en un artículo titulado «La bruja», para la revista *Caravelle*: «Te nombraron reina tonta sin saber que eras emperatriz sabia. Y te rebelaste, para cantar el dolor que te asfixiaba».

«Los escritores no saben contar a las mujeres»

Fue precisamente el pintor y escritor Fabio Rodríguez Amaya quien en 1988 realizó la entrevista a Marvel Moreno que veinte años más tarde reproduciría parcialmente *Arcadia*. La compenetración y el cariño que destilaba su obituario recorren también las preguntas a la autora de *En diciembre llegaban las brisas*. Rodríguez Amaya estaba con Marvel Moreno durante el proceso de corrección y edición de la versión italiana de su novela. Por lo visto, entre corrección y corrección, ellos charlaban sobre los personajes y la trama, y a veces el pintor encendía su grabadora para dejar constancia de todo el proceso. Teniendo en cuenta lo mucho que se ha especulado sobre la obra de Moreno —si es o no realismo mágico, si más que al *boom* pertenecería a una especie de *postboom*, si sus personajes están desclasados, si retrata mal a los hombres, si su escritura es más afrancesada que caribeña, si es o no es feminista—, e incluso teniendo en cuenta que sus propios editores españoles escribieron sobre ella (según recuerda Plinio Apuleyo Mendoza en el prólogo a la edición de 2014 en Alfaguara) que «superaba las posturas feministas», es interesante leer a una Marvel Moreno sin filtros, absolutamente consciente de su escritura y del significado de sus arriesgadas decisiones como narradora:

—Ninguno de los personajes masculinos se salva; no les concedes la posibilidad de tener una sensibilidad, ni la capacidad de comprensión de las problemáticas del mundo femenino —advierte Rodríguez Amaya, después de una breve conversación sobre la sexualidad de sus personajes femeninos y sobre los conflictos del macho caribeño. Y entonces sentencia Moreno:

—Porque en el tiempo de la novela eso no existía. Puede que exista ahora, porque los movimientos feministas han hecho mucho, y los hombres han sido obligados a *se remettre en question*, a ponerse en tela de juicio, como se dice.

—A cuestionarse —insiste el pintor.

—No sé si sea correcto decirlo así, pero, hasta la época en que la novela transcurre, los hombres han actuado como déspotas. Y realmente no ha habido hombres sensibles capaces de comprender las cosas con un poco de sutileza. No los había —aprecia ella.

Después, Fabio Rodríguez Amaya hace hincapié en la representación de la sexualidad de las mujeres, y en cómo los hombres de *En diciembre llegaban las brisas* son incapaces de amar o de entender todo ese mundo femenino que la autora despliega atentamente. La respuesta de Moreno trasciende entonces su propia obra, y se convierte en un reclamo literario que va más allá: «Los hombres no saben cómo amar a las mujeres y tampoco saben cómo aman las mujeres. En la literatura eso es impresionante. Cuando se lee a Hemingway, en *Por quién doblan las campanas* por ejemplo, ¿cómo imaginarse que una muchacha tan terrible va a deslizarse en el lecho de un hombre que ni siquiera le ha dicho una palabra, y que eso puede ser una maravilla? Lo escribe así porque Hemingway no comprendía a las mujeres. Faulkner no sabe nada de las mujeres. Quizás solamente Dostoievski: aunque sus mujeres son un poco fantásticas, en él tienen más peso. Por ejemplo, cómo se llama, el cretino ese que detesto, el inglés… ¡Lawrence! En su famosa novela, *El amante de Chaterling* [sic], habla de la mujer que se enamora del pene de un hombre: ¡es increíble, porque una mujer nunca se enamora del pene de un hombre! Se enamora del hombre. El pene es una abstracción, es algo que va con el hombre. Finalmente se enamora de la personalidad, de lo que dice, de su voz, por ejemplo. Hay una cantidad de factores que intervienen en el amor, de los que los hombres son completamente ignorantes, no saben nada. Yo siempre he dicho que los escritores no saben contar a las mujeres».

Una ira de perros

Pero Marvel Moreno sí que sabe contar a las mujeres. De hecho, tal vez aprendió a hacerlo de pura necesidad. O como escribió Fabio Rodríguez Amaya: «de puro dolor que te asfixiaba». Tanto en *En diciembre llegaban las brisas* como en sus *Cuentos completos*, editados igualmente por Alfaguara, sus protagonistas son mujeres en conflicto con el mundo. Algunas altivas, otras desgraciadas, otras inocentes, otras infelices por el simple hecho de saberse mujeres y oprimidas —decía la argentina Alfonsina Storni en una de sus columnas para *La Nota*, ya en 1919, que «feminista era toda mujer que practicase el ejercicio del pensamiento de la mujer, en cualquier campo de la actividad»—, otras rabiosas, otras sensuales, pero todas ellas complejas, escritas desde el interior, como si para inventárselas Moreno en realidad hubiera puesto una cámara de vídeo en sus entrañas. *En diciembre llegaban las brisas* cuenta la historia de Lina, quien desde París, justo como hace Moreno, retrata la asfixiante vida de cualquier mujer del Caribe colombiano a mediados del siglo xx, a través de las historias de Beatriz, Catalina y Dora. La novela comienza precisamente con la historia de Dora y de su sexualidad. Una sexualidad que Moreno retrata casi como una maldición para la joven, quien «ya de niña advertía que le era imposible salir sola al jardín de su casa sin provocar en cualquier mendigo o vagabundo que cruzara el sardinel el frenético deseo de abrirse la braqueta y masturbarse ante sus ojos». Para el personaje de Lina, que es quien observa a sus compañeras atentamente con el fin de analizarlas, Dora era como su perra Ofelia: un cuerpo destinado a la reproducción, que caminaba mientras los perros del barrio la rodeaban implorando un coito al que el animal acababa cediendo por puro cansancio. Tal vez el gran hallazgo de Marvel Moreno fuera el de haber introducido el debate de género en esa corriente a la que dicen que perteneció y que no perteneció que es el realismo mágico. Su literatura tiene la potencia feminista de maestras como la propia Storni o como la chilena María Luisa Bombal, y al mismo tiempo recuerda esas realidades alucinadas que desprenden narrativas como la de Elena Garro. De hecho, cabría hacerse la pregunta de si en vez de realismo mágico el de estas mujeres que bordearon el *boom* —o que fueron expulsadas del mismo, como recordaba hace poco la chilena Alejandra Costamagna en una entrevista: «El *boom* latinoamericano fue totalmente machista»— debería llamarse realismo alucinado, pues tiene el compromiso de inventar otras vías para mostrar la peor de las realidades: una que no solo se combate con buena literatura, sino con ideas y determinación. Al fin y al cabo, la obra de Moreno no solo fue poderosa en lo que al retrato de sentimientos y pensamientos de personajes femeninos se refiere, sino también en su análisis y crítica del patriarcado que los engloba. Así que teniendo en cuenta aquello que dijo Rosario Ferré sobre que «la ira ha sido el incentivo para que muchas mujeres escriban bien», no podremos negar que Marvel Moreno escribió con bastante ira y que, en consecuencia, lo hizo rotundamente bien.

Una hilera de espejos

En 1996, meses después de la muerte de Moreno, Rosario Ferré fue invitada a escribir un obituario de la autora para la revista *Caravelle*.

Sin ser el más extenso, ni tampoco el más íntimo —como cuenta la puertorriqueña, no llegaron a conocerse—, es posible que el de la autora de *El coloquio de las perras* fuera el texto más emotivo. Las escritoras se conocieron en 1977 por carta, después de que Ferré le enviara una copia de su primer libro de cuentos: *Papeles de Pandora*. En su respuesta, Moreno aseguró a Ferré que se había sentido muy identificada, pues el Ponce de una se parecía demasiado a la Barranquilla de la otra. Cuenta Ferré que a pesar de sus coincidencias —las dos caribeñas, las dos trasterradas, las dos feministas, las dos pertenecientes a una clase social pudiente— no consiguieron encontrarse en persona. Ese mismo año Ferré estaba en París y quiso ver a la colombiana, pero las enfermedades de Moreno solo le permitieron zanjar aquella amistad vía telefónica. Charlaron de libros y de mal de amores. El vínculo se hizo tan fuerte que al año siguiente Ferré se desviviría para ayudar a su amiga a publicar su primer libro de cuentos. Sin embargo, como explica la novelista, «publicar el primer libro de cuentos a una escritora desconocida del Caribe es peor que apostarle a la ruleta». Al final, Moreno terminó publicando una recopilación de cuentos, aunque su obsesión era acabar la novela que diez años más tarde la confirmaría como la gran escritora que era. En un par de párrafos hermosos, Ferré asegura que «Marvel, mucho antes que yo, se dio cuenta de que la entrada al mundo de la publicación era escribir una novela —una *buena* novela— y sin dejarse descorazonar por los rechazos, empezó a escribirla. "Es como estar encerrado en un cuarto con un tigre agarrado por la cola", me dijo esa única vez que hablamos por teléfono en París. A mí, que aún no había empezado a escribir una novela larga, aquellas palabras se me quedaron grabadas en la mente con fuego. Quince años después, cuando estaba encerrada en mi casa de San Juan tratando de terminar mi novela *La casa de la laguna*, me acordé a menudo de Marvel. [...] Escribir una novela larga es una experiencia aterradora, muy distinta a la de escribir un libro de cuentos o de poemas. El tigre siente que uno lo tiene agarrado por la cola, y si uno por algún momento lo suelta, lo devorará por completo. [...] Afortunadamente, Marvel capturó su tigre y escribió una novela bellísima». Las palabras de la autora de *El coloquio de las perras* podrían hacernos pensar que aunque se nos vendieran como vidas separadas y solitarias, alejadas de toda la escena literaria del momento, muchas escritoras hispanohablantes se mantuvieron conectadas, se apoyaron y se influyeron las unas a las otras. Bien leídos, los relatos de Marvel Moreno guardan una ironía y una fuerza equiparable a los de Rosario Ferré. Igualmente, bien leído, *El coloquio de las perras* también airea una tesis que ya estaba en la entrevista de Fabio Rodríguez Amaya en 1988: la necesidad de acabar con la misoginia de la literatura —de las actitudes de los escritores, editores y críticos, así como de las obras mismas—. De acabar, en cierto modo, con ese «escritor macho» que ellas tanto han combatido desde sus particulares exilios o desde su Caribe natal. Ese mar que une a las autoras definitivamente, pues como dijo Ferré: «Nunca conocí a Marvel, y ahora que ha muerto nunca llegaré a conocerla. Pero nuestros espíritus siguen reflejándose el uno al otro en las olas del Caribe, como en una larga hilera de espejos».

ANEXO

Carta a Marvel Moreno.
(O bien: El cielo
patriarcal del Caribe)

Querida Marvel:
El pasado enero estuve en el Caribe colombiano, concretamente en Cartagena de Indias, y más concretamente aún en un bar cuyo nombre en realidad no recuerdo, pero que se encontraba más allá de las murallas, y en el que una chica intentó enseñarme a bailar salsa inútilmente. En ese bar conocí también a un editor joven, Pedro Carlos Lemus, que me preguntó de dónde eres y yo respondí borracha ¡Barcelona! y al que le pregunté y tú de dónde y me dijo, intuyo que también ebrio, ¡vivo en Bogotá, pero soy de Barranquilla, una ciudad que está también en el Caribe! Escuché a Pedro, cuyo trabajo en Laguna Libros es importantísimo —están recuperando a muchas autoras feministas olvidadas, y las cubiertas son geniales, te encantarían— y no pude evitar decirle ¡aaaaah, yo conozco a alguien de Barranquilla! ¡A una mujer muy famosa! Él puso cara como de ¡uy, no, a ver con qué me sale esta española! Y yo grité: ¡Marvel Moreno! ¡Marvel Moreno es de Barranquilla! A continuación, el joven editor de tu ciudad que está publicando clásicos como *Enero*, de Sara Gallardo, u obras más nuevas como *Primera persona*, de Margarita García Robayo —a quien, por cierto, le debo haberte conocido, a raíz de un *post* de Facebook sobre tus cuentos—, me dijo: ¡ja, ja, ja, pensé que ibas a mencionar a Sofía Vergara! ¿Ahí, donde quiera que estés, sabéis quién es Sofía Vergara? Luego creo que Lemus y yo reímos y brindamos, y ahí, más o menos, terminó la primera de las tres cosas que quería contarte en esta carta.

La segunda, más que una anécdota, es una reflexión sobre la reciente recuperación de tu memoria por parte de algunas figuras de la nueva cultura colombiana. Como te decía, yo te conocí gracias a Margarita García Robayo, quien escribió en la contracubierta de tus cuentos completos que «Marvel Moreno encandila cualquier canon literario por su salvajismo ilustrado: esa fina arbitrariedad con la que narró lo que quiso cuando quiso, sin pedirle permiso a nadie». Más adelante supe de las reivindicaciones de Gloria Susana Esquivel tras «el incidente» de la Feria del Libro de Barranquilla, donde no invitaron a ninguna mujer a la presentación de tu libro de cuentos, y donde un grupo de estudiantes feministas gritó tu nombre y el de tu novela que permanece secuestrada, *El tiempo de las amazonas*. El entusiasmo generalizado hacia tu obra por parte de tantas editoras, escritoras y lectoras jóvenes me parecía una obviedad. En la prensa cultural, Carolina Sanín también apoyó la publicación de tu novela inédita. Sobre la cuestión de si al ser un texto inacabado carecería de calidad o decepcionaría al público, Sanín opinó que «quizá *El tiempo de las amazonas* tenga un gran valor estético, o quizás su valor sea principalmente documental o biográfico; la cosa es que el público quiere leerla». Y aunque el posicionamiento a favor de tu figura era y sigue siendo palpable, me sorprendió encontrar en *El Malpensante* un artículo de Lina Alonso, en el que la periodista hace una crítica voraz a tu escritura. Bajo el título de «Instrucciones para escribir un cuento de Marvel Moreno», el motor del artículo residía en una justificada parodia según la cual era muy fácil escribir como tú, hasta «convertirse en protagonista de la próxima polémica literaria». Resumiendo mucho la tesis de Alonso, tu obra sería monótona y carecería del entusiasmo que provocan otros cuentistas por el hecho de no ser emotiva, así como por desprender un cierto tufo clasista, de «niña bien» de Barranquilla. La periodista elige un fragmento de tu relato «El revólver» para explicar que leído uno, leídos todos. Reconozco que en un primer momento me enfadé mucho con esa reflexión. Pero reparé en que la crítica de clase que Alonso te estaba haciendo tenía todo el sentido del mundo. Para empezar, tú eras una privilegiada. Pudiste huir por más de dos décadas a un país que te trató bien, a una ciudad en la que las oportunidades eran mayores que las del Caribe. No quiero quitarte méritos con eso. Ni mucho menos, ¡no te enfades! Lo que quiero decir es que basta revisar algunas de las biografías de tus compañeras en este mismo libro para entender que, incluso dentro de toda esa miseria asociada a vuestra libertad, a algunas se os brindaron más oportunidades. Una Alcira Soust Scaffo, una Eunice Odio, una María Emilia Cornejo no pudieron exiliarse en París. Como explicaba Ida Vitale en sus memorias mexicanas: Ciudad de México era la primera parada de la travesía de quienes quisieron ser escritores en el siglo XX, pero el destino más codiciado seguiría siendo la inalcanzable París. Ahí, tal vez, pueda tener sentido el reclamo de Lina Alonso. Ahí podría cuestionarse el vacío que genera un relato sobre la Barranquilla más patriarcal y racista si sabemos que ha sido escrito —al menos en apariencia— desde cierta comodidad y con privilegios.

Te lo he dicho, Marvel, eso no era una anécdota sino más bien una concatenación de reflexiones que me incomodaba redactar. Y si me incomodaba es porque no estoy de acuerdo con ellas, como tal vez se demuestre en la tercera cosa que había venido a decirte. Creo, sinceramente, que como escribió García Robayo tú narraste lo que quisiste, cuando quisiste, sin pedirle permiso a nadie. Y creo que en ese querer y cuándo querer, atendiste a algunos aspectos que traspasaban tu condición y tu autobiografía. Me gusta mucho una entrevista de 1981, publicada en *Magazín Dominical* después de la publicación de tu primer libro de cuentos. Preguntada por si consideras que existe una «literatura femenina», tú dices que «el buen escritor es andrógino» y que «a través de mi feminismo reacciono contra la opresión». Te recuerdo lo que dijiste aquel día, porque es muy interesante para entender tu activismo: «Soy solidaria con las mujeres como lo soy con los negros, los judíos o los árabes cuando son perseguidos o humillados por su condición de seres que presentan características diferentes a las de quienes detentan el poder. Por otra parte, estoy convencida de que si las mujeres fueran integradas a la vida social, en lugar de mantenerlas encajonadas como animales de reproducción u objeto de placer, la sociedad se enriquecería espiritualmente». Respecto a la última frase que te copio, intuyo que podríamos usarla como un buen resumen del papel de muchas de las mujeres de tu obra. Mujeres que viven castigadas como animales de matadero, o que se sienten como objetos de placer. Mujeres que son así: sufrientes y volátiles, independientemente de su raza o clase, pues todas viven encerradas en la violencia patriarcal del Caribe. Dicho esto, y ya que estamos de vuelta en una zona geográfica que es del gusto de ambas, me gustaría compartir contigo un poema que encontré en la antología *Bajo el fuego del Caribe colombiano: cuatro poetas afrocartageneras*. En el prólogo a la obra, la compiladora venezolana Nadia del Carmen Morales Morales explica que divulgar las obras de Dora Isabel Berdugo, Muris Cueto, Ruth Patricia Diago y Tania Maza Chamorro es una labor literaria pero también social. Como ocurre con algunas de las mujeres que retrataste en toda tu narrativa, los poemas aquí recogidos cuentan los sentimientos de mujeres que «son capaces de amar un lugar con una pasión tan visceral que sueñan con él cada noche. Son capaces de amar a ciertos animales con una ternura tan grande, que morirían por ellos [...]. Aman impertérritas pese a los malos tratos, al abandono o a la muerte, y devuelven bien por mal». ¿Te suena de algo, Marvel? ¿Te suena esa manera bruta de masticar lo malo y convertirlo tal vez en la belleza de la supervivencia? ¿No es eso lo que hacen tus chicas en *En diciembre llegaban las brisas*? ¿No es esa luz caribeña a la que ellas piden clemencia, incluso si no se acuerdan de rezar?

Me gustaría entonces compartir contigo este poema de Dora Isabel Berdugo titulado «El camino del recuerdo».

Sé que entenderás por qué te lo enseño aquí.

Y sé que sabrás muy bien qué hacer después de leerlo:

> *Podrías decir*
> *aquí estuve*
> *y no sabrías dónde*
>
> *Todo cambia con la luz*
> *nunca un destello se repite*
>
> *Todo ilumina solo un instante*
> *lo demás es el eco de un suceso*
> *que se desdibuja en la memoria de una página*

Tuya,
    Luna.

13
¿Y si Victoria Santa Cruz se estuviera reencarnando en miles de voces?

> *«Tenía siete años apenas,*
> *apenas siete años,*
> *¡Qué siete años!*
> *¡No llegaba a cinco siquiera!*
> *De pronto unas voces en la calle*
> *me gritaron ¡Negra!»*
>
> VICTORIA SANTA CRUZ

Algo más grande

La niña se llama Aisha Yakira González y no tendrá más de seis años. Está ahí parada, tan menudita. Pelo largo. Parece feliz como lo son los niños delante de las cámaras cuando cantan sus canciones favoritas de Disney. Pero la niña no habla de princesas: habla de dolor. Tampoco habla de palacios: habla de justicia. Ni siquiera habla de amor: en todo caso de un amor que pocas veces se filtra en las historias infantiles, el propio, el que es sinónimo de respeto y de empoderamiento. A la niña la han visto al menos diez millones de personas si sumamos todos los *links* de YouTube que albergan su proeza u otras plataformas que reproducen su canto. La fuerza de su voz es tan arrolladora como los versos que recita: «Me gritaron negra», dice, cual poeta reencarnada. Como si la peruana Victoria Santa Cruz fuera ella misma, tan brillante, tan ligera, tan viral. El vídeo que dio la vuelta a Internet en 2017 es solo una prueba más de hasta qué punto la obra de la célebre escritora, cantante, dramaturga y pensadora peruana ha influido en las mujeres afrodescendientes de América Latina y España. La niña de seis años, sabiéndose de memoria el poema, demuestra que casi cien años después del nacimiento de la artista, su mensaje y su lucha siguen librándose, siguen siendo necesarios. Porque como Victoria Santa Cruz predijo en los años noventa en una entrevista para el documental de *Retratos*, de la televisión pública de Perú: el racismo «ahora es más sutil, pero hay discriminación siempre». Contra esa discriminación que nunca cesa, pero que a veces puede cuestionarse con poemas como «Me gritaron negra», Aisha Yakira González no ha sido la única en plantar cara. Las palabras de Santa Cruz, que para algunos son un poema, para otros una más de su conjunto de canciones, y para ella misma el motor de sus ideas espirituales y políticas, se han reencarnado en decenas de nuevos cuerpos. En 2018, por el Día de la Afrocolombianidad, la plataforma Mi Señal publicó un vídeo de otra niña, Leynnis, recitando el mismo texto. Basta deslizarse por los vídeos relacionados de la plataforma para encontrar otro puñado de montajes de la voz de Santa Cruz con imágenes de niñas y adolescentes en su mayoría, que son también el rostro de ese texto que ha viajado durante décadas de entraña a entraña. Tanto es así que en verano de 2018 se estrenó en un festival de teatro de Costa Rica la obra *Negra soy*, adaptación del poema por parte de los bailarines Sharifa Crawford y Erick Rodriguez, en la que se pudo ver a un grupo de mujeres jóvenes danzando alrededor del popular texto. Aunque la obra de Victoria Santa Cruz es mucho más extensa e incluye no solo letras y poemas, sino también música y escenografías que la llevaron a viajar literalmente por todo el mundo, lo cierto es que «Me gritaron negra» se convirtió en un mito. Como cuenta Antoinette Torres, directora de la revista *Afroféminas*, «con poemas como el de Santa Cruz o como "Rotundamente negra", de la costarricense Shirley Campbell Barr, muchas mujeres de todo el mundo se han sentido conectadas. La poesía les ha servido para conversar, para sentir que formaban parte de algo común, de algo más grande».

El rol del obstáculo

Es normal sentirse más grande si Victoria Santa Cruz posee tu cuerpo con su poema. El ritmo se aprende en seguida. Parece que va a arrancar a bailar, pero no, solo suena *tac-tac-tac-tac-tac*, y a veces las palmas de la poeta, que no consiguen en ningún caso elevarse por encima de su voz. Victoria Santa Cruz está hecha de voz: venía de una familia humilde cuyo padre escuchaba música clásica y cuya madre cantaba mientras lavaba. Sus tres hermanos también tenían vena artística, uno de ellos se volvió también poeta. Santa Cruz pronto empezó a cantar en las calles y en las fiestas, a relacionarse después con el mundo de la cultura, a querer formar parte de él, y lo hizo de la mejor de las maneras posibles: trabajó como profesora de la Universidad Carnegie Mellon en Estados Unidos, fue directora del Centro de Arte Folclórico de Perú, y también del Conjunto Nacional de Folclore del Instituto Nacional de Cultura. Su reivindicación del folclore y sus estudios de la herencia de la cultura africana, sumados a su propia producción artística, la alzaron como una de las mujeres más importantes y respetadas de la cultura peruana: salió en programas de televisión, su música de raíces afrolatinas se escuchaba en todas partes, su influencia trascendió mundialmente. En el documental de *Retratos*, Santa Cruz asegura que si llegó a ser quien fue, es debido a una serie de difíciles decisiones que tuvo que tomar durante su vida, como entregarse en alma al trabajo o como masticar la ira que le producían las injusticias que caían sobre su cuerpo. Sin ir más lejos, es una de estas injusticias la que inspiró la creación de su más célebre poema. Cuenta Santa Cruz que tendría unos cinco años cuando salió a jugar a la calle y vio que allí estaba una niña recién mudada, la más blanca de un barrio de mestizos y negros. Al verla, la blanca la señaló y dijo que «si esa niña negrita juega, yo me voy». A continuación, el resto de niñas del barrio invitaron con malas maneras a que la entonces diminuta Victoria Santa Cruz se marchara de allí, lo cual le sorprendió enormemente: «Una puñalada era una caricia en comparación con lo que me pasó a mí —dice mirando a cámara—, yo no sabía que era negra. Cuando digo que no sabía que era negra no estoy hablando del color, sino de lo que eso implicaba. Fue muy doloroso. A partir de ese momento empecé a odiar».

La experiencia de Santa Cruz, su contenido odio, se filtró más tarde en algunos versos como:

> *¿Soy acaso negra?, me dije*
> *¡SÍ!*
> *¿Qué cosa es ser negra?*
> *¡Negra!*
> *Y yo no sabía la triste verdad que aquello escondía.*
> *¡Negra!*
> *Y me sentí negra.*
> *¡Negra!*
> *Como ellos decían.*
> *¡Negra!*
> *Y retrocedí*
> *¡Negra!*
> *Como ellos querían*
> *¡Negra!*

O como:

> *Y pasaba el tiempo,*
> *y siempre amargada*
> *Seguía llevando a mi espalda*
> *mi pesada carga*
> *¡Y cómo pesaba!...*
> *Me alacié el cabello,*
> *me polveé la cara,*
> *y entre mis entrañas*
> *siempre resonaba la misma palabra*
> *¡Negra! ¡Negra! ¡Negra! ¡Negra!*

Curiosamente, la revancha se produjo y superó toda expectativa, pues hoy la rabia de la dramaturga peruana la cantan de memoria miles de mujeres. De modo que si para Rosario Ferré la ira era un incentivo para que muchas autoras hubieran logrado escribir sus mejores obras, para Victoria Santa Cruz los obstáculos también podrían tener un rol definitivo en nuestra manera de crear. Tal vez por eso cuando el académico Marco Aurelio Denegri le pregunta en una entrevista si su condición de mujer, negra y latina ha supuesto tres obstáculos en su carrera, ella no tarda en responder que evidentemente, pero que también fue eso lo que le llevó a conocerse a sí misma, un ejercicio «maravilloso» que le ayudó a convertirse en artista «porque mientras el ser humano no sepa quién es, tendrá siempre que buscar a quien culpar».

ANEXO

Carta a Victoria Santa Cruz.
(O bien: El ritmo de las que serán recordadas)

Querida Victoria:
De todas las escritoras a las que he dedicado mi cariño en los últimos años tú eres la única a la que no he leído. Me refiero a leer en papel. Me refiero a la posibilidad de tocar tu rostro a través de las páginas de un libro. No voy a pedir perdón por ello, entre otras cosas porque tú sabes de sobra lo imposible que es leerte así. Para qué íbamos a leerte si podemos escucharte. Tu voz está en mis auriculares ahora mismo. Cualquiera diría que estás siempre feliz. Me impresiona la amplitud de tus cuerdas vocales, y cómo resuenan cuando recitan poemas que, bien mirados, solo narran cosas tristes. Te escuché decir en una entrevista que el arte te hacía feliz porque te permitía conocerte a ti misma. Y que solo conociéndote a ti misma habías sido capaz de conocer tu cultura, de investigar tu historia, de regalárnosla luego en forma de algo con ritmo. No quiero que ese «algo con ritmo» suene despectivo. Al contrario. Estoy convencida de que son esos sonidos los que me han hecho llegar hasta ti incluso si yo no sé nada de música o incluso si no he sido capaz de encontrar libro en el mundo en el que desmenuzar los poemas que escribiste. La oralidad salvó la importancia de tu pensamiento. La oralidad y ese deje de tu narración que nos invita a mover los músculos. La literatura debería mover músculos más a menudo. Tu literatura se los movió tanto al escritor Luis Rodríguez Pastor, que en 2017 publicó un libro sobre tu figura. En una entrevista para *El Comercio*, Rodríguez Pastor dijo: «En este país con vocación de huérfanos no quería que Victoria fuera una de las sacrificadas. Lo que he buscado con este trabajo es que su figura y legado no sean olvidados, sino reconocidos. Estoy convencido

de que Victoria Santa Cruz aún es un tema por descubrir, hay aspectos de su trabajo y biografía que no conocemos». Al leer esta última afirmación, recordé un poema que se me había quedado aquí clavado, de la española Paloma Palao: «Escribirán mi nombre en un libro / de nombres apretados, y referencia / breve harán del tiempo que pasé / vivida. / Tendré, a lo sumo, / quince páginas en una antología. / Algún niño recitará de carrerilla: / Nacida en Madrid en el 44, perteneció / a la generación perdida, no tuvo / guerra a la que le sujetaran, / ni amo, ni dueño, ni posición torcida. / Descubrió su vocación / muy niña, presentándose a todas / las oposiciones convocadas, / a la cátedra vacante del amor, retirándose / la víspera a un rincón, con su perro / -aún no nacido-, a acunar sus arrugas, / a repasar el índice de materias / -nunca demasiado sabidas-: los celos / el dolor, la comida. / No quiso / saber más que de lo suyo. De fe / arraigada en ese punto / muerto de la angustia, no quiso / comulgar con ruedas de molino, / ni tener hijos con ruedas de molinos… / Hasta que un día… Tuvo el valor / de recogerse el pelo y andar / más deprisa y subirse a la boca / una mentira. / Y todo fue ya / póstumo… Desde ese día». Qué premonitorio el propio olvido de Palao. Cómo me hace pensar en ese sentimiento tan odioso de la grandilocuencia. En eso tan masculino de que hay que ser recordado como «el mejor» y «el más grande» de una cosa, y no como una de las partes fundamentales, ¡o ni siquiera!, de algo que es hermoso. Y el ritmo es importante. Y el ritmo es hermoso. Sé que lo sabes. Sé que como a Palao no te importó pensar que tu nombre pudiera quedar relegado a un escalón, porque lo que tú querías ver era la escalera. Hasta dónde subía. Qué grande se hacía. Con qué ritmo saltamos todas al subirla. Querida Victoria: quiero que sepas que la escalera crece. Y que además lleva tu nombre grabado en la madera de su baranda y posiblemente el de otras que como tú ladraron porque sabían que el recuerdo no es una competición: es una danza.

Tuya,
   Luna.

14
Maldita Alejandra Pizarnik

«Mi delirio me obliga a callar.»

Alejandra Pizarnik

Maldito malditismo

«La melancolía, la soledad y el aislamiento, cuando se ponen de manifiesto en la vida de una mujer, son rasgos que admiten ser interpretados como la prueba de un desequilibrio psíquico de tal naturaleza que puede conducir a su autora al suicidio o la locura. Si es varón el escritor, en cambio, y su obra o vida o ambas manifiestan parecida contextura —la lista es larga, de Hölderlin y Rimbaud a Kafka y Beckett—, esta suele recibirse como una confirmación del talento visionario del hacedor». Estas palabras de Ana Nuño en el prólogo a la *Prosa completa* de Alejandra Pizarnik recuerdan a la tesis que mantiene Patricia de Souza en el ensayo *Eva no tiene paraíso*, según la cual el llamado «malditismo» afecta de manera diferente a la imagen que tenemos de un escritor atendiendo a su género. Para De Souza, el hecho de calificar a una escritora de maldita repercute directamente en la devaluación de la obra de esta o en la puesta en duda de las decisiones que tomó durante su vida y su carrera. El periodista Eudald Espluga lo resumió así en una columna en *PlayGround*: «El malditismo no es sino otro nombre para designar la radicalidad de lo individual. Esto significa, por un lado, anteponer la singularidad del artista tanto a las reglas establecidas como a las condiciones de producción. [...] Demasiado a menudo tendemos a pasar por alto que esta radicalidad se amolda de forma distinta a hombres y mujeres: no es algo que pueda calcularse desde un único punto fijo. Para George Sand escribir era revolucionario; para su amigo Gustave Flaubert no [...]. Para los grandes escritores que han recibido este calificativo su condición de malditos implicaba un valor agregado, los dotaba de un aura especial que les permitía sobresalir entre los demás: si los excluían era porque, en su búsqueda de la libertad, habían de enfrentarse a la opinión común, a las convenciones sociales. [...] En cambio, basta repasar el lenguaje con que la tradición literaria se ha referido a las escritoras malditas para descubrir que su malditismo depende de su condición de seres sufrientes. Viven una tragedia de la que no son protagonistas, sino víctimas: si para ellos la muerte es ese destino escogido, una consecuencia de su lucha por la autenticidad, en ellas la muerte es una *seducción*, es la salida a un tormento que no han querido. No tiene nada que ver con su singularidad artística o con su ética de vida: depende simplemente del lugar estructural al que son relegadas por el mero hecho de ser mujeres».

Maldita niña

Volviendo, entonces, al caso de Alejandra Pizarnik, ¿podríamos pensar que ella fue víctima de algo más hondo que sus ya hondas tragedias vitales? ¿No decía César Aira que siempre se sintió cómoda en esa etiqueta de «poeta nocturna»? ¿No sugirió Tamara Kamenszain que ella se gustaba en el papel de «niña»? ¿No brindó acaso —con sus silencios, con la negación de sus primeras obras, con su pasión de permanecer como una presencia casi fantasmal en el mundo literario— el motivo de que todavía hoy no sepamos quién fue realmente Alejandra Pizarnik ni por qué le dio absolutamente igual ser vista a ojos de otros como la maldita cría que armaba versos sin el anhelo de sobrevivir? Tal vez Pizarnik fue previsora. Tal vez se adelantó al fuego cruel que destruía a las de su especie inventándose precisamente otra especie. Lo más femenino de ella eran sus silencios, su manera de referirse a lo corporal desde imágenes muy alejadas del cuerpo. Si fue «maldita», lo fue en parte por voluntad propia, por esa rebeldía adolescente con la que se refirieron a ella, que murió sin llegar a los cuarenta años. En un homenaje publicado en *El Independiente*, la periodista Loreto Sánchez Seoane recuerda que incluso se le llegó a llamar «la poeta maldita de América», pero también reivindica que en definitiva fue ella «mucho más que una poeta maldita». Así oscilaba, entre el sí y el no, entre el podría ser y no fue, entre lo brillante y lo oscuro, entre su voluntad y la de los demás, entre la vida y la muerte, entre la riqueza y la miseria, entre no ser nada y serlo todo, así oscilaba Alejandra Pizarnik. Porque tal vez su empeño por convertirse en una autora reconocida —al menos en sus primeros diarios y en los que redactó durante su estancia en París podía verse esa obsesión por escribir o más bien por ser considerada escritora— tenía más que ver con encontrarse a sí misma un lugar en el mundo que con aspirar a formar parte de un canon contemporáneo que leía con gusto pero del que ella, por género o por edad, no participaba.

Porque aunque en verdad tenía poco ya de niña, siempre estuvo condenada a ser la más joven de la escena poética. Como explica César Aira: «La posición de Pizarnik ya había alcanzado el estatus legendario que ha conservado hasta hoy. Para una nueva generación de lectores, fue una figura de referencia, incomparable con cualquier otra. Dentro del reducido grupo de los poetas consagrados, que podían suscitar admiración por su talento y su trabajo, ella tenía además la juventud, que la volvía el artículo genuino. Era el último avatar del poeta maldito, y no se concebía un poeta maldito viejo: si había sobrevivido, sus apuestas no habían sido tan altas. Y si bien el mito del poeta maldito ya estaba al borde del anacronismo, hay que tener en cuenta que en esos años estaba naciendo la cultura de la juventud, y fue como si en Pizarnik se hubieran dado cita dos mundos sucesivos». Así que en el caso de Alejandra Pizarnik, lo maldito nunca fue pedantería, ni pose. No fingía: su relación delicada con la palabra le procuraba algo más fuerte que la fama, algo más bello que el aplauso y algo mucho más caluroso que el respeto. Por eso también sospecha Tamara Kamenszain en *La edad de la poesía* —curioso, por cierto, que en esta antología de biografías literarias las únicas mujeres citadas aparezcan en el apartado dedicado a poesía e infancia— que Pizarnik hizo su declaración de intenciones más importante cuando decidió cambiarse el nombre de Flora a Alejandra ya desde adolescente. Matar aquello que fue era el primer paso para matar aquello en lo que se convertiría. En palabras de Kamenszain: «Cambiarse el nombre es un acto de inocencia última. Es matarse por amor a la letra. Y eso es todo lo que una mujer puede hacer para que Dios la escuche».

Maldita obsesión

Asociamos lo maldito a la locura, y la locura al dolor. Sin embargo, se nos olvida que la «locura», cuando hablamos de Pizarnik, también puede tener su origen en sus obsesiones puramente literarias. Y si había algo que obsesionaba a la autora de *Árbol de Diana*, eso era la escritura perfecta, la técnica del poema, la pasión por perfilar la palabra hasta desterrar cualquier sonido indigno. César Aira lo asegura cuando en su profunda biografía de la autora recuerda que ella nunca soportó hacer públicos sus textos menores, que odiaba la sonoridad de algunos de sus primeros poemas —los de *La tierra más ajena*, publicado a los diecinueve—, y que por eso quería excluirlos de cualquier antología futura. Paola Calahorrano también lo sugiere en la revista *Divergencias* de la Universidad de Arizona: «Como feminista, un ícono, como *outsider*, una maldita. Eso es Alejandra Pizarnik. No es la Rimbaud de la literatura escrita por mujeres, porque ella no es hombre, sino una mujer preocupada por la calidad de su palabra en conjunto con la autenticidad de una vida apaleada de dolor hasta la médula». Pero es Ana Nuño quien con más rotundidad quiere alejarse de todo imaginario maldito, para centrarse en la verdadera esencia de la obra de Pizarnik. Primero en un artículo publicado en 2003 en *La Vanguardia*, donde asegura que «estamos ante una escritura obsesiva, en la que una serie de figuras y motivos recurrentes son sometidos a un intenso bombardeo, como una muestra de uranio bombardeada con neutrones lentos». Y después en el prólogo de la *Prosa completa* de la autora, cuya última reflexión es definitiva. Sobre la técnica de los relatos y prosas que escribió, asegura que «importa menos la extensión de los relatos que la intensa concentración en ellos de una escritura que busca exaltar los poderes del lenguaje. Este es —y no la muerte, o la locura o el suicidio— el gran motor de la obra de Pizarnik». En otras palabras: su maldita obsesión.

ANEXO

Carta a Alejandra Pizarnik. (O bien: Feminismo también es el derecho a no soportarnos)

Querida Alejandra:
A veces llamarse querida es complicado. Especialmente cuando la persona a la que te diriges no tiene nada de amada, sino todo lo contrario. No me refiero a que yo a ti no te ame, ni mucho menos: desde que empecé a leerte a los diecisiete has estado muy cerca de mí y me has ayudado mucho, como ayudan las amigas. Pero escribir sobre ti y sobre otras mujeres, redactaros estas cartas, me ha servido también para entender ciertas convenciones odiosas por las que a menudo se nos ha obligado a pasar. Parece que en la relación entre dos mujeres todo sea blanco o negro: o esas mujeres se aman mucho, o esas mujeres se detestan mucho, hasta el punto de odiarse. Y te lo digo bien claro: yo he odiado mucho. Aún tengo espinas clavadas en el corazón que no sé cómo resolver. Sé que desde mi pequeña parcela de privilegio —mi pasaporte, el color de mi piel, los altavoces que se me conceden— he podido ser mezquina. Lo comentaba en la carta que envié a Agustina González: yo he llegado a convencerme de que la poesía de una mujer publicada en una editorial feminista como Torremozas debía ser peor que la de cualquier hombre publicado en Hiperión o en Visor. Pasé buena parte de mi adolescencia creyendo eso. Reproduciéndolo. Me negué a la lectura de mujeres que formaban parte del pasado de la literatura, pero me negué también a la simpatía hacia mujeres que formarían parte de la del futuro. Sentía envidia por la delicadeza de la escritura de Natalia Litvinova, por la profunda inteligencia de Berta García Faet, por la aparente simplicidad de la narrativa de las integrantes de la Alt Lit estadounidense, e incluso por cada *post* en el que María

Sánchez escribía a propósito de algo sobre lo que yo también habría querido escribir… en vez de alegrarme por reconocer en todas ellas a una compañera. Por suerte, el tiempo ha pasado. Las lecturas me han cambiado. Mis prejuicios de adolescencia para con otras escritoras ya se han esfumado. Y ahora, si tuviera que mandarles una carta, la empezaría siempre con un honesto «querida». No quiero sonar cursi, Alejandra. Tampoco quiero dar a entender que todas debemos adorarnos. Sería estúpido creer eso, pero no lo sería tanto aprender del odio. Creo que el feminismo nos debe enseñar a amar, pero creo que igualmente nos debe enseñar a odiar. Odiar es un acto tan sano y necesario como cualquier otro. Aunque no puedo evitar preguntarme si existe una manera de hacerlo que no sea violenta. Hace algunos años leí una columna de la periodista Alba Muñoz en la que se ponía en valor la discrepancia entre mujeres. Pero una discrepancia sana, que no estuviera mediada por lo que el patriarcado nos ha impuesto. En un momento Muñoz dice que «la sororidad no puede servir para callar bocas. No puede basarse en un apoyo ciego por el simple hecho de tener coño o decirse feminista. Eso, para mí, es violencia. No voy a obviar mis opiniones si antes nunca lo he hecho, no voy a retroceder». Aunque mi parte favorita del artículo es esta en la que reconoce que «somos hermanas de lucha, pero distintas. Peleamos porque estamos creando poder, no lo estamos destruyendo. Cuando combatamos, hagámoslo sin utilizar el machismo, que está muy a mano». Tomándole la palabra, creo que es la elección de lo que amamos lo que nos hace libres. Pero también la elección de lo que detestamos. Al menos eso es lo que pensé cuando leí tu biografía narrada por César Aira para la colección Vidas Literarias, Alejandra. Porque de entre todas las anécdotas fascinantes que aprendí sobre ti y que sin la ayuda del argentino no habría aprendido en ningún otro lado, la que más me impresionó fue la de tu enemistad con Elena Garro. Citando a Aira, que a su vez te cita a ti, llegaste a describir a la mexicana como «mitad loca linda, mitad loca de mierda», algo que tu biógrafo achaca directamente a tu lealtad a Octavio Paz: «La relación entre ambas debió ser muy superficial, y muy pronto fue arrastrada por la marejada de odio entre los cónyuges, que se divorciaron en 1962». Reconozco que leer esa frase, «loca de mierda», me dejó impresionada. A Garro la habían llamado tantas veces y tan injustamente «frívola», «demente», «estúpida» o «manipuladora», que no podía creer que tu voz se hubiese acabado uniendo a tal retrato. Sin embargo, más me molestó enterarme de que en su novela *Inés*, publicada ya muchos años después de tu muerte, Garro te devolvía la bilis, convirtiéndote en un personaje de ficción llamado Andrea, «que no inspiraba confianza», «completamente inconsciente», «de rostro mofletudo», «una mujer horrible, una especie de marimacho». Asegura Aira que *Inés* no solo es un despiadado retrato en clave de tu persona, sino también un mecanismo para colocar a tu personaje como víctima de algo más grande. No sé si estarás de acuerdo conmigo, Alejandra, pero cuando el argentino habla de algo más grande, y específicamente de «una fuerza nocturna inexplicable», me gustaría pensar que se está refiriendo a esa convención odiosa que comentaba con anterioridad según la cual debemos ser rencorosas, cabronas, despiadadas y altivas con otras compañeras de oficio, solo porque las dinámicas que el escritor macho creó para nosotras así lo precisan. No son dinámicas sutiles precisamente, Alejandra, o al menos ya no las pasamos por alto. Podría ponerte muchos ejemplos, pero prefiero quedarme con el de esos críticos que en sus textos intentan confrontar a escritoras con argumentos extraños. Como cuando Marta Sanz publicó una antología de textos feministas con la colaboración de otras diez escritoras españolas, un libro bastante celebrado por lectoras, periodistas y activistas, que sin embargo para el novelista Alberto Olmos planteaba otro conflicto. «Sobre el libro de Marta Sanz hay algo más que decir. Ahora muchas autoras saben lo que se siente. Aquí no vale la carta del machismo, pues es otra mujer en un libro solo de mujeres la que no ha contado contigo. Sanz, obviamente, ha elegido a las que a su juicio son las mejores autoras de España hoy en día, y diría que no ha elegido del todo mal. De modo que si no estás en su lista es que para Marta Sanz no eres de las mejores escritoras de España. Hay diez por delante de ti. Asúmelo». Como si al escritor lo validara su vanidad. Como si escribir significara tener un ego tan grande como el de los críticos de turno.

Querida Alejandra:

Aprovecho lo que queda de página para invitarte a una fiesta. Estarán Aurora Bernárdez y otras mujeres simpatiquísimas que no conoces. Estarán Elena Garro y otras escritoras a las que tal vez no quieras leer ni aunque te paguen. Venga, que va a molar. Quedemos todas. Charlemos un rato. Confirma, ¿vale?

Tuya,
   Luna.

15
Cómo recuperar la escritura de las mujeres (a modo de epílogo)

*«Qué clase de poeta, qué clase de artista,
qué clase de actriz sería yo si no reclamo esos espacios vacíos
donde la claridad se enturbia.»*

CAMILA SOSA VILLADA

Para qué escribir nuestros nombres

La actriz y novelista argentina Camila Sosa Villada recuperó el célebre *Écrire (Escribir)*, de Marguerite Duras, y lo reescribió a su manera en su maravilloso libro *El viaje inútil. Trans/escritura*. Sosa Villada empieza esta memoria narrando cómo la literatura le ayudó a expresar su feminidad. A través de la anécdota de su padre enseñándole a escribir el que fue su nombre de varón, entendemos la importancia que tuvo en adelante la escritura para saber nombrarse mujer. Literalmente, apunta: «La escritura nace en ese momento. El deseo de escribir encuentra que soy fértil, que soy una hembra viable para incubarlo, pone sus huevos y yo lo cargo dentro de mí como una madre». Aunque esta imagen de su infancia es impresionante, tal vez, como lectora, sentí un escalofrío todavía más grande cuando, hacia el final de la memoria, reconoce su privilegio como escritora, y se pregunta qué puede hacer ella con el poder de la palabra. Y entre esos poderes que la literatura le concede, está en primer lugar el de dar voz a todas esas mujeres que la acompañaron en el camino. Las travestis, las prostitutas, las chicas de las calles que frecuentaba cuando no tenía nada, cuando no tenían nada, cuando no eran nadie. Escribir, pues, *desde* la memoria, también es hacerlo para Sosa Villada *por* y *para* las que ni siquiera tienen quien las recuerde. Un acto de amor, un acto de reconocimiento, un acto político. Tras *El viaje inútil*, Camila Sosa Villada publicó la aclamada novela *Las malas*, donde a través de la ficción todas esas mujeres rechazadas cobrarían voz. Al leerla, no podía dejar de preguntarme si acaso ese acto de amor, o de reconocimiento, o de justicia, no pertenecía a una herencia más grande. A algo que las mujeres, las escritoras, llevan perfilando desde hace décadas y a lo que deberíamos poner nombre. Es solo un pálpito. Miro los libros acumulados sobre el escritorio durante estos días de verano en los que me dispongo a cerrar *El coloquio de las perras* y de pronto entiendo el vínculo. Un pálpito. Solo un pálpito de comprender al fin la necesidad femenina de escribir nuestros nombres.

Extraviadas ilustres

El pasado mayo de 2019 llamé a mi prima Elara para pedirle que se viniera conmigo una semana a la casa que mi madre dejó vacía en Almería. Necesitaba su ayuda para cuidar de Ulises mientras yo pasaba la mañana escribiendo este ensayo. Pensé que ir a la que fue mi casa de infancia y adolescencia era una buena idea. Aunque mamá ya no esté y papá se haya cambiado de país, la biblioteca que construyeron juntos sigue allí, intacta, y yo necesitaba verla. Esperaba descubrir a alguna autora que no hubiese leído nunca. Esperaba encontrarme con libros de crítica o antologías que aportarían datos e historias a mi propio libro. En cuanto llegamos a la casa, Ulises se puso a jugar con los muñecos de *Toy Story* de mi madre, y yo abrí las persianas del salón para que la luz entrara en la enorme biblioteca. La decepción fue enorme: en aquella biblioteca apenas había mujeres. Ninguna en la sección de literatura latinoamericana. Un par en la sección de novela española contemporánea. Unas cuantas más en poesía española moderna, aunque también en minoría con respecto a sus compañeros de generación. Nada entre la literatura oriental. Y mucho menos en las baldas dedicadas a obras escritas en siglos anteriores al XX. ¿Cómo era posible que de un simple vistazo la literatura escrita por mujeres no existiera en la biblioteca donde crecí?

¿Acaso ninguno de los que convivimos entre esos libros nos dimos cuenta de la flagrante ausencia? Tenía que haber un error. Empecé a mover pilas de libros y aunque al fondo de las estanterías aparecieron algunas pequeñas joyas, la proporción de escritoras seguía sin llegar al 5 por ciento del total de aquella fascinante biblioteca. Y al fin di con algo que me llamó la atención y que me removió las entrañas. Era un libro finísimo, con una imagen de Tamara de Lempicka en la cubierta. Firmado por Ana María Moix y editado por la revista *Qué Leer* en los años noventa, se trataba de una selección de artículos de la autora catalana donde se contaba brevemente la biografía de diez *Extraviadas ilustres*. Lo primero que me sorprendió es que aquel libro contuviera biografías de mujeres que veinte años después podríamos considerar de todo menos extraviadas: Djuna Barnes, Frida Kahlo, Coco Chanel... Mi memoria no lograba alcanzar el momento en el que esas creadoras hubieran podido resultar «desconocidas» para alguien. Pero sentí alivio: ¿significaba eso que el relato de Moix supuso un empujón más para que aquellas artistas fueran en adelante referentes universales? En el prólogo a *Extraviadas ilustres*, Margarita Rivière explica que al fin se estaba empezando a hablar de mujeres que rompieron el molde, y que trabajos como el de Moix eran importantes para inspirar a las mujeres de hoy: «lo cual da un estremecedor resultado y una lección para el futuro». Lo segundo que me sorprendió de esta antología fueron las similitudes de la voluntad de Ana María Moix con el propósito que yo me había impuesto con respecto a las autoras de las que elegí hablar en *El coloquio de las perras*. Esa manera de mezclar biografía con opinión, con periodismo o con poesía para elaborar sus retratos. Ese posicionamiento amoroso y político al que se refería Camila Sosa Villada en *El viaje inútil*. Pero mi viaje a Almería no fue inútil. Mientras Elara y Ulises desayunaban tostadas y chocolate en la terraza, supe que mi encuentro con Ana María Moix no había sido en vano. Que lo que ella había hecho con sus «extraviadas ilustres» formaba parte de algo más grande, y que yo debía descubrir de qué se trataba.

Las mujeres que escribían sobre otras mujeres

No son exactamente libros sobre teoría feminista, en todo caso, sobre su práctica. Tampoco son biografías al uso, porque en la mayoría de los casos se trata de retratos corales. No son vidas de mujeres. No es crítica. No son antologías. Ni tampoco catálogos. Qué son. Cómo llamar a esos libros. Porque aunque sus formas sean diferentes y sus estilos y sus épocas y sus objetos de estudio no coincidan a menudo, merecerían una manera de nombrarlos, un género literario para ellos solos. Sobre mi mesa, estos días, están algunos de los que he ido almacenando. *Las Sinsombrero*, por ejemplo, es el testimonio de cómo la directora Tània Balló nos dejó claro que «sin ellas [las artistas de la Generación del 27] la historia no está completa». Tampoco está completa la historia sin las mujeres de las que habla Clara Janés en *Guardar la casa y cerrar la boca*, poetas de países y épocas lejanas que hoy ni siquiera se mencionan en los libros de texto. Un ejemplo: «Para empezar, 2500 años antes de Cristo hallamos a la primera voz poética conocida, y es precisamente femenina, la sacerdotisa acadia Enheduanna, firme en enunciar y en denunciar. Bastante después, en el siglo x y dando, como en el tiempo, un salto en el espacio, la primera gran novela de la literatura universal, tal y como hoy entendemos el género, es obra de la japonesa Murasaki Shikibu, *La historia de Genji*, que ha sido comparada con *Don Quijote de la Mancha*, de Cervantes, y con *En busca del tiempo perdido*, de Proust. En ella se ofrece un retablo de la sociedad de su tiempo que nos hace pensar en el hilo y la aguja». Mostrar lo que el canon ha dejado fuera es lo que hizo Virginia Woolf en el mítico *Un cuarto propio*. No hará falta que a estas alturas me detenga en la obra de Woolf, que también hace un repaso como el de Janés, Moix y Balló de la obra de grandes y olvidadas escritoras en lengua inglesa, pero me gustaría recuperar una cita muy burlona donde la británica hace un bellísimo corte de manga al canon del escritor macho cuando encima no le dejan entrar en una biblioteca por no ir acompañada de un hombre: «Que una mujer haya maldecido una biblioteca famosa, es asunto del todo indiferente a la biblioteca famosa. Tranquila y venerable, con sus muchos tesoros guardados en su seno con triple llave, duerme con majestad y puede, por mi parte, seguir durmiendo así para siempre». Con razón escribió Alejandra Pizarnik en sus diarios que leer *Un cuarto propio* le hizo reír a carcajadas. Poco se recuerdan estos divertidos zarpazos al hablar de esta obra publicada en 1929. Diez años antes, en Argentina, Alfonsina Storni también escribía con sorna sobre el machismo literario en sus columnas para el diario *La Nota*, recopiladas hoy en *Un libro quemado*. Y lo mismo puede decirse de los fragmentos en los que Rosario Castellanos señaló con el dedo —en 1950, en el ensayo *Sobre cultura femenina*— a los grandes filósofos que al escribir sobre mujeres lo hacían con una misoginia inimaginable a día de hoy. Ya sea con humor o con rabia, la aguja y el hilo unen definitivamente todos estos reclamos. A todas estas mujeres que tal vez conscientes de su altavoz dedican el espacio que han trabajado con sudor y sangre a detenerse en otras mujeres. No escriben sobre ellas para demostrar cuánto saben. No idean antologías para elegir «lo mejor» y crear generaciones en las que lo que prima es el compadreo. Lo pregunta Noni Benegas en *Ellas tienen la palabra. Las mujeres y la escritura*, «¿dónde estaban las mujeres en las antologías?». Mientras el canon de la poesía española se decidía a golpe de antología de señores sobre la mesa, a las mujeres se las reunía aparte, como reclamo, como chillido furioso y necesario, ¿es que no habíais visto que ellas también estaban aquí? ¿Por qué las dejabais constantemente de lado? ¿Qué peligro os inspiraban? Por mi parte, os podéis quedar ahí durmiendo para siempre, que diría Woolf. Pero volviendo a las preguntas, la estadounidense Joanna Russ ya intentó responderlas en *Cómo acabar con la escritura de las mujeres* en los años ochenta. Russ analizó con algunos casos de la literatura anglosajona de qué manera la crítica, los escritores o los editores habían minimizado la escritura de las mujeres, de muy distintas maneras que iban desde la negación de autoría, la infantilización o simplemente el rechazo sin sentido a sus obras. En 1990 Rosario Ferré dio un paso más allá y lo que analizó en *El coloquio de las perras* fue, no ya cómo el escritor macho rechazaba la escritura de mujeres, sino el modo en que este las retrataba en sus propios escritos… y siempre era, ¡sorpresa!, terroríficamente alejado de la realidad. Las mujeres que leían y escribían sobre otras mujeres parecen peligrosas, ¿verdad? Pero hoy este género sin nombre está más presente que nunca. Recientemente se recuperaba una edición de *Nosotras*, el libro en el que Rosa Montero elegía a escritoras del mundo para agarrar por las solapas al lector español y que empezara a leer de una vez a Mary Wollstonecraft, Simone de Beauvoir o las Brontë. Y algo parecido, por poner otros ejemplos, hicieron Elvira Lindo en *30 maneras de quitarse el sombrero* y su reivindicación de Lucia Berlin, Joan Didion o Adelaida García Morales; Patricia de Souza en *Descolonizar el lenguaje* y sus análisis de Elena Garro, Joyce Mansour o Teresa de Ávila; o María Moreno en *A tontas y a locas*, donde cuenta de qué manera a la mujer, en general, y también a las escritoras —ella habla de Woolf, de Colette, de Nin— se las ha rechazado por esa cosa tan nuestra de «estar locas». Estaré dejando fuera decenas de ejemplos. No los conozco todos pero deseo conocerlos. Mientras tecleo este párrafo la poeta Lara Peiró me escribe un mensaje casi urgente por Instagram en el que me dice que antes de finalizar mi ensayo debo leer *Las olvidadas*, de Ángeles Caso, que justo acaba de reeditarse. Efectivamente, en ese libro también vemos a una mujer escribiendo sobre otras mujeres porque quiere llenar el vacío. Sé que Peiró me lo recomienda porque ha sentido ese pálpito. Ese hilo. Esto que nos quema por dentro. Porque retomando a Camila Sosa Villada, ¿qué clase de artistas seríamos si no sintiéramos la necesidad de completar esos injustos vacíos? ¿De qué nos serviría ladrar entonces?

Semblanzas de las autoras invocadas y algo más

> «Hay mujeres
> que quizás una lenta madrugada
> marcharon al fuego o a la horca
> por cosas tales como desordenar
> el orden público por inventar
> una nueva manera de descifrar
> la vida por tener voz
> o por infieles.»
>
> Ana Ilce Gómez

Guadalupe Amor

Nació el 30 de mayo de 1918. Más conocida como Pita Amor, fue una poeta, actriz y modelo muy popular por haberse codeado con los grandes artistas y las celebridades mexicanas de los años cincuenta. En 1946 ya había publicado *Yo soy mi casa*, un poemario dedicado a su amiga Gabriela Mistral, que le valió la comparación con sor Juana Inés de la Cruz. Además de poesía, también escribió prosa. Su primera novela la tituló exactamente igual que su primer libro de poemas: *Yo soy mi casa*. Con una docena de libros de ficción y de lírica a sus espaldas, Amor tuvo que asistir a la trágica muerte de su hijo, lo que la mantuvo lejos de la escena artística durante años. Cuando levantó cabeza, escribió de manera intermitente y apenas publicó algunas antologías de sus obras. En realidad, hasta su muerte, el 8 de mayo del año 2000, Pita Amor estuvo muy sola, justo como habían predicho sus poemas sobre desolación y muerte.

Para empezar a leerla, recomiendo *Otro libro de amor* (1955), que ahora puede conseguirse en edición de Torremozas.

Si os interesa la obra de Pita Amor, probad con otras poetas mexicanas, como Rosario Castellanos o Enriqueta Ochoa.

Aurora Bernárdez

Nació en Buenos Aires en 1920. Estudió Filosofía y desde que era muy joven se dedicó a la traducción. Una de sus traducciones más conocidas fue la de *Pálido fuego*, de Vladimir Nabokov, aunque también dedicó su mirada a la obra de William Faulkner, Jean-Paul Sartre o Gustave Flaubert. Se trasladó a París en 1952, y allí se casó con Julio Cortázar. Aunque se separaron más de una década después, mantuvieron el contacto, y tras la muerte de él, se convirtió en su albacea y se ocupó de su obra inédita. Bernárdez vivió desde entonces entre París y Buenos Aires, pasando algunas temporadas en España. Escribió poemas toda su vida, pero no los publicó en ningún momento. Tras su muerte en París, en 2014, en 2016 salieron a la luz sus textos inéditos.

Se puede acceder fácilmente a sus textos en la antología de *El libro de Aurora*, publicada por Alfaguara.

Si os gusta su historia, acercaos a la obra de Silvina Ocampo (especialmente al perfil que le dedica Mariana Enríquez en su ensayo de Anagrama, *La hermana menor*). Y si lo que os gusta es su poesía, probad con la de la venezolana Miyó Vestrini.

María Emilia Cornejo

Nació en Lima en 1949. Está considerada como una de las voces más influyentes de la Generación del 70, aunque no vivió lo suficiente como para verlo. Ella resumió su vida a los veintiún años con estas palabras durante su único recital: «Escribo desde temprana edad, con breves y largas interrupciones. A mi estancia en tierras mexicanas debo el haber empezado a escribir más o menos disciplinadamente. Actualmente trabajo y trato de estudiar un poco en la universidad, aunque sé que terminaré siendo siempre autodidacta». No llegó a terminar ningún libro, aunque dejó varias decenas de poemas escritos y a medio escribir. Después de su suicidio, en 1972, en Lima, algunos de sus textos vieron la luz en antologías, y su nombre se convirtió para los jóvenes aspirantes a escritor de la época en un mito.

Es difícil encontrar obra de Cornejo más allá de las publicaciones de *En la mitad del camino* en Perú y Argentina. Pero como dejó poquitos poemas, la gran mayoría de ellos se pueden encontrar en Internet.

Si os gusta la fuerza arrolladora de María Emilia Cornejo os enamoraréis todavía más de la mítica Carmen Ollé o de escritoras más jóvenes, como Violeta Guerrero Peirano y Gabriela Wiener.

Rosario Ferré

Nació en Ponce en 1939. Desde 1971 se dedicó a la literatura: desde la edición en revistas literarias puertorriqueñas hasta la escritura de poesía, narrativa o ensayo. En 1976 publicó el que tal vez sea su texto más célebre: *Papeles de Pandora*, un texto con el que llamó la intención de la crítica latinoamericana por su mezcla de registros y por su retrato de la mujer caribeña. Pronto dejó Puerto Rico para trasladarse a Estados Unidos, donde trabajó como traductora y profesora. Con la novela *La casa de la laguna*, publicada en 1995, quedó finalista del National Book Award. Tras su larga estancia estadounidense, regresó a su país natal, donde siguió escribiendo hasta el final de sus días. Ferré murió el 18 de febrero de 2016 en San Juan de Puerto Rico.

Para conocer a Ferré recomendaría *Papeles de Pandora*, pero también *Maldito amor* y *La batalla de las vírgenes*.

Siguiendo el consejo de Ivelisse Álvarez, habría que leer a Julia de Burgos para así conocer lo mejor de la poesía puertorriqueña del siglo XX.

Elena Garro

Nació en Puebla en 1916. Se dio a conocer en el mundo de la literatura como dramaturga, pero no tardaron en reconocerla como una gran autora de novela y de cuento. Está considerada como «la madre del realismo mágico», aunque ella renegó de esa etiqueta porque le parecía comercial. Muchos de sus grandes amigos también eran escritores, y se relacionó con ellos, en parte, por la influencia de quien fue su marido, Octavio Paz. La turbulenta relación con el nobel mexicano le llevó a escribir personajes femeninos muy desolados. La violencia hacia las mujeres es uno de los grandes temas de su obra, y puede verse representada tanto en sus poemas como en distintos textos, como *Un hogar sólido*, o como *Los recuerdos del porvenir*. Garro vivió temporadas en España, Francia, Estados Unidos…, pero al final de su vida terminó regresando a México. Murió en Cuernavaca en 1998, en la casa que compartía con su hija y catorce gatos.

Los cuentos completos de Elena Garro son una excelente manera de adentrarse en su mundo.

Otras mujeres del llamado *boom* latinoamericano que quedaron relegadas a un segundo plano y que hoy merece la pena leer junto a Garro podrían ser la chilena María Luisa Bombal, la brasileña Clarice Lispector o incluso, aunque más joven que ellas, la uruguaya Cristina Peri Rossi.

Agustina González

Nació en Granada en 1891. Fue política, pensadora y escritora. Pertenecía a una familia de zapateros, de donde le quedó el apodo de Zapatera. Escribió tres libros de pensamiento, uno de ellos en tono biográfico, que no han sido recuperados ni editados hasta 2019. Le gustaba el teatro. Era amiga de Federico García Lorca. En 1933 se presentó a las Elecciones Generales por el Partido Humanista, pero no la tomaron demasiado en serio. Le gustaba vestir con traje, ir a los bares, a las tertulias… Hizo, en definitiva, todo lo que se suponía que no debía hacer por ser mujer. En agosto de 1936, aunque se desconoce el día exacto, fue fusilada por los fascistas.

Su obra se encuentra reunida en el libro *Clemencia a las estrellas*.

Para conocer a las escritoras de su época, recomiendo *Las Sinsombrero*, de Tània Balló, así como adentrarse en la biografía de la poeta anarquista Lucía Sánchez Saornil.

Gabriela Mistral

Nació en Vicuña en 1889. Maestra y escritora, en 1945 le concedieron el Premio Nobel de Literatura, convirtiéndose en la primera y, hasta este momento, en la única mujer latinoamericana en obtenerlo. En vida publicó los poemarios *Desolación*, *Ternura*, *Tala* y *Lagar*, así como numerosos artículos y ensayos en revistas y periódicos. Mistral fue una intelectual feminista que viajó por todo el mundo y cosechó grandes amistades con escritores en distintas lenguas. Murió en Nueva York en 1957, dejando dos libros huérfanos: *Poema de Chile* y *Almácigo*, que no serían publicados hasta muchos años después de su fallecimiento.

La antología *Las renegadas* recoge algunos de sus mejores poemas y es una buena manera de adentrarse en su obra.

Algunas de las mejores escritoras del momento en lengua española son chilenas. Estoy segura de que a Mistral le habría encantado conocer la poesía de Paula Ilabaca, y la narrativa de autoras como Lina Meruane, Nona Fernández, Alejandra Costamagna o Claudia Apablaza.

Marvel Moreno

Nació en Barranquilla en 1939. Desde muy joven se interesó por la lectura y por la vida cultural de su ciudad. A los treinta años publicó su primer cuento, «El muñeco», y desde entonces se dedicó de manera exclusiva a la literatura. Después de mudarse a París, consiguió terminar un libro de cuentos, titulado *Algo tan feo en la vida de una señora de bien*, publicado en 1980, así como su aclamada novela *En diciembre llegaban las brisas*, finalista del Premio Plaza y Janés en 1985. Moreno siguió escribiendo cuentos, y también su segunda novela, *El tiempo de las amazonas*, texto que sigue retenido por sus herederos pero que supuestamente ella acabó de escribir antes de su muerte en 1995, en su querida París.

Leer *En diciembre llegaban las brisas* es imprescindible.

Una de las escritoras colombianas del momento que más han reivindicado a Moreno es Margarita García Robayo. Creo que su *Primera persona* tiene resonancias de Moreno por momentos.

Eunice Odio

Nació en San José en 1919. Antes de mudarse a México, viajó por Nicaragua, Honduras, Guatemala, Cuba y Estados Unidos. En Guatemala, de hecho, residió una temporada tras recibir un importante premio de poesía con su libro *Los elementos terrestres*. Trabajó como periodista cultural y como crítica de arte, y llegó a ser una figura relevante de la cultura mexicana. Sin embargo, sus posiciones políticas críticas con Fidel Castro le cerraron algunas puertas entre los medios y editoriales de la izquierda en México. En 1957 publicó *El tránsito de fuego*, su libro más aclamado, en una editorial de El Salvador. Falleció en su casa, en Ciudad de México, en 1974, su cadáver fue encontrado en descomposición.

Merece la pena leer su descomunal poema *El tránsito de fuego*.

Otra escritora costarricense cuyo olvidado trabajo se está empezando a reclamar es Yolanda Oreamuno. Sus novelas son de fácil acceso en Internet gracias a la Editorial Costa Rica.

Alejandra Pizarnik

Nació en Buenos Aires en 1936 aunque lo hizo bajo el nombre de Flora y en el seno de una familia de migrantes judíos. En seguida se interesó por la literatura, de modo que estudió Periodismo y Filosofía. A los diecinueve años publicó su primer libro de poemas. Desde entonces se dedicó exclusivamente a las letras, ya fuera como traductora del francés —Marguerite Duras, Antonin Artaud, André Breton— o como periodista. En la temporada que pasó en París conoció a algunos de los escritores del *boom* latinoamericano. A su regreso a Buenos Aires siguió escribiendo y publicó uno de sus trabajos más importantes, fruto de su experiencia en París: *Los trabajos y las noches*. Le siguieron otros poemarios como *Extracción de la piedra de la locura*, *El infierno musical* o *Árbol de Diana*. Alejandra Pizarnik se suicidó el 25 de septiembre de 1972, aunque hay quienes aún sostienen que su sobredosis de Seconal fue involuntaria…

Si bien su *Poesía completa* es fundamental, recomiendo leer también su *Prosa completa*, donde vemos otra cara fascinante de la autora: su humor.

A Eli, de La Ladrona de Libros (la mejor librería de Buenos Aires, os lo juro), le pregunté qué debía leer una fan de Alejandra Pizarnik como yo. Me dio dos nombres que comparto para quien le interese: Susana Thénon y Glauce Baldovin.

Victoria Santa Cruz

Nació en La Victoria en 1922. Tal vez sea la compositora más conocida de Perú, así como la mayor exponente del arte afroperuano. Empezó a subir a los escenarios en 1958 con el grupo Cumanana. A principios de los sesenta viajó a París, donde estudió en la Universidad del Teatro de las Naciones y en la Escuela Superior de Estudios Coreográficos. Sus representaciones y su música le hicieron viajar por todo el mundo. Además entre 1973 y 1982 fue la primera mujer en ejercer como directora del Conjunto Nacional de Folclore. Murió en 2013 en Lima, a los noventa y un años.

A falta de libros en los que encontrar recopilada su obra, recomiendo acceder directamente a su voz vía Spotify, en *Poemas & Pregones Afro Peruanos* se pueden escuchar los temas «Me gritaron negra», «La marinera limeña» y «Gritos de pregoneros». Además, para leer algo sobre ella también merece la pena acercarse a la antología infantil *Había una vez una peruana*, donde se le realiza un homenaje entre otras sesenta y dos grandes mujeres, como las escritoras Blanca Varela y Magda Portal.

Otra mujer que actualmente está luchando contra el racismo en Perú y por la visibilización del quechua es Renata Flores. En 2018 su poema-trap «Tijeras» se convirtió en un himno contra la violencia machista pero también contra la violencia hacia las mujeres indígenas.

Alcira Soust Scaffo

Nació en Durazno en 1924. Dedicó su vida a la enseñanza, aunque también pasó más de dos décadas en México, escribiendo poesía y traduciendo del francés. En sus diarios, publicados parcialmente en la biografía *Escribir poesía, ¿vivir dónde?*, se pueden ver algunas de las versiones que realizó de poetas como Arthur Rimbaud o Paul Éluard. No publicó ningún libro en vida, y sus textos solo se pueden encontrar en edición facsímil. Aunque las letras mexicanas la olvidaran injustamente tras su regreso a Uruguay, su nombre siguió resonando gracias a su aparición como personaje principal de *Amuleto*, novela de Roberto Bolaño en la que ella llevaba el nombre de Auxilio Lacouture. Por culpa de una infección respiratoria, Alcira Soust Scaffo murió en Montevideo en junio de 1997.

La biografía *Escribir poesía, ¿vivir dónde?* puede encontrarse de manera gratuita en Internet. Se trata de una edición del Museo Universitario de Arte Contemporáneo de México, realizada tras la exposición dedicada a la autora —comisionada por Gabriela Ortiz— en 2018 como parte de la conmemoración del cincuenta aniversario del movimiento estudiantil.

Se considera que Uruguay es «un país de poetas mujeres». Aunque algunos nombres son conocidos: Idea Vilariño, Cristina Peri Rossi, Ida Vitale…, también hay otras como Soust Scaffo a cuya obra ha sido más complejo acceder pero que son enormes. Recomiendo a Amanda Berenguer y a Circe Maia.

Aclaraciones y agradecimientos

1. El título de *El coloquio de las perras* se lo he robado a Rosario Ferré. Ella fue la primera, ya en los años noventa, en jugar con el célebre título de Cervantes y en visibilizar algunas de las dinámicas misóginas de la literatura en español.

2. Los capítulos dedicados a Elena Garro, Aurora Bernárdez, Pita Amor y Rosario Ferré aparecieron parcialmente publicados en *PlayGround*. Igualmente, los temas de «Para enterrar al escritor macho» pertenecen a una serie de columnas que desde principios de 2019 vengo escribiendo para *eldiario.es*.

3. La idea de que Paula Bonet pusiera rostro y perra a este libro surgió en Cartagena de Indias, en enero de 2019, mientras desayunábamos en el hotel que compartíamos en el marco del Hay Festival. Le conté las cosas que sabía a propósito de Elena Garro y sus gatos y no tardó en dibujar su rostro en su cuaderno dorado de viaje. En aquel momento supimos que *El coloquio de las perras* también era suyo.

4. Fue Blanca Cambronero quien a finales de 2017 me propuso poner en orden algunas de las ideas sobre escritoras «olvidadas» que yo había estado visibilizando o compartiendo desde mis artículos o redes sociales. Ella me habló por primera vez de Joanna Russ y desde entonces la idea de investigar y reivindicar a autoras que escribieron en nuestra lengua empezó a dar vueltas en nuestros corazones.

5. Por supuesto, estos ladridos no habrían sido posibles sin la ayuda de Chus Tomás, Malén Denis, Gloria Susana Esquivel, César Bringas, Oriette D'Angelo, Aleida Belem Salazar, Elena Medel, Gema Nieto, Álvaro Lasso, Agustín Fernández Gabard, Carlos Acevedo, Ivelisse Álvarez, Bruno Montané, Antoinette Torres, Brenda Lozano, Cristina Fuentes, Mónica Carbajosa, Tania Pleitez, Eudald Espluga, Victoria Guerrero Peirano, Isabel Sucunza, Yuliana Ortiz Ruano, Júlia de Quadras, Ingrid Bejerman, Txell Torrent, Jorge Alejandro Vargas Prado y Dulce María Ramos. Tampoco sin los consejos de lxs librerxs de Lata Peinada (Barcelona), Librería Mujeres (Madrid) y La Ladrona de Libros (Buenos Aires). O sin la paciencia de Ibrah y Ulises. Vuestro es mi cariño y mi agradecimiento.

Bibliografía

Bibliografía

Aira, César, *Alejandra Pizarnik*, Colección Vidas Literarias, Ediciones Omega, 2001.
Amor, Guadalupe, *Poesía imprescindible*, Terracota, 2009.
—, *Otro libro de amor*, Torremozas, 2019.
Balló, Tània, *Las Sinsombrero. Sin ellas, la historia no está completa*, Espasa, 2016.
Benegas, Noni, *Ellas tienen la palabra. Las mujeres y la escritura*, Fondo de Cultura Económica, 2017.
Bernárdez, Aurora, *El libro de Aurora*, Alfaguara, 2017.
Cabrera, Rafael, *Debo olvidar que existí*, Debate, 2017.
Campbell Barr, Shirley, *Rotundamente negra y otros poemas*, Torremozas, 2017.
Castellanos, Rosario, *Sobre cultura femenina*, Fondo de Cultura Económica, 2005.
Cornejo, María Emilia, *En la mitad del camino recorrido*, Editorial Todas Leemos, 2018.
Duras, Marguerite, *Escribir*, Tusquets, 2000. Traducción de Ana María Moix.
Ferrada, María José, *Gabriela Mistral. Vida y pensamiento explicado para grandes y chicos,* Biblioteca Nacional de Chile, 2015. En colaboración con Daniela Schütte González.
Ferré, Rosario, *The Bitches' Colloquy*, The Johns Hopkins University Press, 1994.
—, *Antología personal*, Editorial de la Universidad de Puerto Rico, 2009.
—, *Papeles de Pandora*, La Navaja Suiza Editores, 2018.
Figueroa, Lorena, Keiko Silva y Patricia Vargas, *Tierra, indio, mujer. Pensamiento social de Gabriela Mistral*, LOM Ediciones, 2000.

Fuertes, Gloria, *El libro de Gloria Fuertes*, Blackie Books, 2017. En edición de Jorge de Cascante.

Garro, Elena, *Cuentos completos*, Alfaguara, 2017.

—, *Cristales de tiempo*, La Moderna Editora en colaboración con Rosas Lopátegui Publishing, 2018.

Gómez, Ana Ilce, *Poesía reunida*, Pre-Textos, 2018.

González, Agustina, *Clemencia a las estrellas*, Editorial Ménades, 2019.

Janés, Clara, *Guardar la casa y cerrar la boca*, Siruela, 2015.

Kamenszain, Tamara, *La edad de la poesía*, Beatriz Viterbo Editora, 1996.

Lindo, Elvira, *30 maneras de quitarse el sombrero*, Seix Barral, 2018.

Mistral, Gabriela, *Páginas (perdidas) de la vida mía*, Editorial Mago, 2015. Edición de Jaime Quezada.

—, *Por la Humanidad Futura*, La Pollera Ediciones, 2015. Edición de Diego del Pozo.

—, *Las renegadas*, Lumen, 2019. Edición de Lina Meruane.

Moix, Ana María, *Extraviadas ilustres. 10 retratos de mujer*, Comunicación y Publicaciones S. A., 1996.

Montero, Rosa, *Nosotras. Historias de mujeres y algo más*, Alfaguara, 2018.

Morales, Cristina, *Lectura fácil*, Anagrama, 2018.

Moreno, María, *Panfleto. Erótica y feminismo*, Literatura Random House, 2019.

Moreno, Marvel, *En diciembre llegaban las brisas*, Alfaguara, 2014.

—, *Cuentos completos*, Alfaguara, 2018.

Moser, Benjamin, *Por qué este mundo. Una biografía de Clarice Lispector*, Siruela, 2017. Traducción de Cristina Sánchez-Andrade.

Neruda, Pablo, *Confieso que he vivido*, Seix Barral, 1974.

Ocampo, Silvina, *La promesa*, Lumen, 2011.

Odio, Eunice, *Los elementos terrestres*, Editorial Costa Rica, 2013.

—, *El tránsito de fuego*, Sin Fin, 2019.

Ollé, Carmen, *Noches de adrenalina*, Sin Fin, 2015.

Palao, Paloma, *Obra poética*, Torremozas, 2019.

Pizarnik, Alejandra, *La extracción de la piedra de la locura*, Visor, 2007.

—, *Poesía completa*, Lumen, 2008.

—, *Diarios completos*, Lumen, 2013.
—, *Prosa completa*, Lumen, 2016.
—, *Poemas franceses*, Cuadro de Tiza, 2018.
Russ, Joanna, *Cómo acabar con la escritura de las mujeres*, Editorial Barrett, 2019. Traducción de Gloria Fortún.
Sanín, Carolina, *Somos luces abismales*, Literatura Random House, 2018.
Sosa Villada, Camila, *El viaje inútil. Trans/escritura*, Ediciones DocumentA/Escénicas, 2018.
—, *Las malas*, Tusquets, 2019.
de Souza, Patricia, *Descolonizar el lenguaje*, Los Libros de la Mujer Rota, 2017.
Storni, Alfonsina, *Un libro quemado*, Excursiones, 2014.
Vitale, Ida, *Shakespeare Palace. Mosaicos de mi vida en México*, Lumen, 2019.
VV. AA., *Damas de letras. Cuentos de escritoras argentinas del siglo XX*, Perfil, 1998. Edición de María Moreno.
VV. AA., *Bajo el fuego del Caribe colombiano: cuatro poetas afrocartageneras*, Apidama Ediciones, 2017. Edición de Nadia del Carmen Morales Morales e ilustraciones de Fabrice Boudon.
Woolf, Virginia, *Un cuarto propio*, Alianza, 2005.

Este libro se terminó de imprimir
el 29 de septiembre de 2019

«Lástima, nunca se pretendió que nosotras lo oyéramos. Nunca se pretendió que nosotras lo supiéramos. Nunca debieron enseñarnos a leer. Luchamos por abrirnos paso a través de un entorno masculino constantemente refractario; nos arrancan el alma con tal choque que ni siquiera sangramos. Recuerda: no quería y no quiero ser una versión "femenina", ni una versión diluida, ni una versión especial, ni una versión secundaria, ni una versión auxiliar, ni una versión adaptada de los héroes a quienes admiro. Quiero ser los propios héroes».

JOANNA RUSS